Peter Heine

Kulturknigge für Nichtmuslime

HERDER spektrum

Band 5144

Das Buch

„Mein Nachbar hat eine Gebetskette ..." – „Ich bin bei meinem türkischen Kollegen zum Fest eingeladen ..." – „Meine Tochter hat einen türkischen Kommilitonen kennen gelernt ..." Die Gelegenheiten mehren sich: im privaten Bereich, im Urlaub, bei Geschäftskontakten, bei gesellschaftlichen Anlässen: Muslimisch geformte Mentalität, Kultur und Lebenspraxis prägen einen immer größer werdenden Anteil der ausländischen Bevölkerung in unserem Land, und diese Prägungen betreffen im Islam alle Bereiche des Alltags. Eine Kultur des Zusammenlebens ist nicht auf dem Boden einer abstrakten Toleranz möglich. Hinzukommen muss das Wissen vom anderen, die Information über Hintergründe der Wertvorstellungen, aus denen er lebt. Deshalb ist dieses konkurrenzlose Buch auch ein notwendiges Buch. Ideal zur Vorbereitung für Reisen in islamische Länder, aber auch ein Standardwerk, das Begegnungen im eigenen Land, mit dem eigenen Nachbarn, vertiefen hilft. Der praktische Ratgeber, damit Nachbarschaft gelingen kann.

Der Autor

Peter Heine, Dr. phil., Prof., Direktor des Instituts für Asien- und Afrikawissenschaften der Humboldt-Universität in Berlin, studierte Islamwissenschaften, Ethnologie und Philosophie. Zahlreiche Veröffentlichungen zur Islamischen Kultur. Bei Herder/Spektrum (zusammen mit Hagemann/Khoury) Islam-Lexikon A-Z (Band 4753).

Peter Heine

Kulturknigge für Nichtmuslime

Ein Ratgeber für den Alltag

Herder

Freiburg · Basel · Wien

Gedruckt auf umweltfreundlichem,
chlorfrei gebleichtem Papier

Alle Rechte vorbehalten – Printed in Germany
© Verlag Herder Freiburg im Breisgau 2001
Überarbeitete Neuausgabe des 1994 zuerst erschienenen Buches
Satz: Barbara Herrmann, Freiburg
Druck und Bindung: Freiburger Graphische Betriebe 2001
Umschlaggestaltung und Konzeption:
R·M·E München / Roland Eschlbeck, Liana Tuchel
Umschlagmotiv: © Turbanhändler in Balkh
ISBN 3-451-05144-3

Inhalt

Vorwort 7

Einleitung 11

„Islam ist Ergebung in den Willen Gottes" 21
*Die Auswirkungen der Religion
auf den gesellschaftlichen Umgang*

„Du sollst grüßen, wen du kennst und wen du nicht
kennst" 54
Grußverhalten

„Am Jüngsten Tag wirst du bei deinem Namen gerufen" . 67
Islamische Namen

„Ein willkommener Gast ist auch ein großzügiger Gastgeber" 82
Zu Gast bei Muslimen

„Man kann mit langen Messern kämpfen,
aber nicht auf dem Markt" 97
Verhalten im wirtschaftlichen Kontext

„Was ist Wahrheit?" 115
Unterschiedliche Realitätssicht

„Wenn du einen Einäugigen siehst,
heb' einen Stein auf" 129
Gesten und Körperhaltung

„Kleider machen Leute" 142
Islamische Kleidung

Schluss 157

Vorwort

Die Begegnung mit Menschen, die aus fremden Kulturen stammen, setzt die Bereitschaft voraus, sich auf das Fremde einzulassen. Diese Fremdheit wird nicht allein aufgrund des anderen Aussehens des Gegenübers wahrgenommen oder seiner weniger vollkommenen Fähigkeit, mit uns in unserer eigenen Sprache zu kommunizieren. Denn an eine andere Hautfarbe kann man sich schnell gewöhnen, und viele Ausländer beherrschen die deutsche Sprache besser als mancher Deutscher. Nie werde ich den jordanischen Arbeiter vergessen, der in einer Stadt in Süddeutschland gearbeitet hatte. Ich traf ihn in einem Hotel in Damaskus. Wir unterhielten uns über seine Tätigkeit und seinen Arbeitsalltag in Deutschland. „Wir machen zweimal Brotzeit", berichtete er mir, und ich wusste nicht, was „Brotzeit" bedeutet. Er dagegen hatte keine Schwierigkeiten, mich zu verstehen. Mir, dem Norddeutschen, wurde erst im Lauf des Gesprächs klar, dass mein Gegenüber als Ausländer eine Umgangssprache voller süddeutscher Regionalausdrücke benutzte, die mir als Deutschem nicht so selbstverständlich waren. Mein Gesprächspartner verfügte über eine größere Sprachkompetenz in meiner eigenen Sprache als ich selbst. Aussehen und Sprache erzeugen Wahrnehmungen, in denen Fremdheit zunächst deutlich wird. Diese Erfahrungen verflüchtigen sich aber sehr schnell durch Gewöhnung und Praxis im täglichen Umgang miteinander.

Schwieriger ist es dagegen, sich an Verhaltensweisen, vor allem aber an Gefühlsreaktionen eines Menschen aus einer anderen Kultur zu gewöhnen. „An seine Unpünktlichkeit werde ich mich nie gewöhnen", klagte mir gegenüber eine Deutsche, die seit mehr als zehn Jahren mit einem aus Ghana stammenden Arzt verheiratet ist. Und die konsequente Überwachung eines türkischen oder libanesischen Mädchens durch ihren Vater oder Bruder hat schon manchen deutschen Verehrer zur Verzweiflung gebracht. Man muss nicht mit allen Formen von uns fremden Menschen, sich zu geben und zu reagieren, einverstanden sein. Schließlich geht es uns im Umgang mit unseren eigenen Landsleuten ja nicht anders. Manches jedoch, was wir als „typisch orientalische Höflichkeit", als „typisch arabische Unzuverlässigkeit", als „typisch türkische Arroganz" zu bezeichnen pflegen, beruht auf Vorurteilen, vor allem aber auf Fehlinterpretationen von durch die fremde Kultur bedingten Verhaltensmustern, die zu erfahren und zu erklären wir uns in der Regel keine Mühe machen.

Es ist inzwischen unter Politikern, aber auch unter einigen Wissenschaftlern üblich geworden, Begriffe wie „multikulturelle Gesellschaft" als romantisch und realitätsfern abzuqualifizieren. Bemerkungen dieser Art lassen einen beträchtlichen Mangel an kulturgeschichtlichen Kenntnissen deutlich werden. Es gibt zumindest in der Moderne keine Gesellschaft, die nicht durch eine Vielzahl von Kulturen geprägt ist. Was wäre deutsche Marschmusik ohne Becken und Schellenbaum. Beides stammt aus der Türkei. Kaffee und Tee, Zucker und Pfeffer, Benzin und Chemie, all diese sprachlichen Begriffe und ihre Inhalte stammen aus dem Orient. Derartige Beispiele ließen sich beliebig vermehren. Ohne den Einfluss fremder Kulturen bliebe die eigene nichts anderes als ein Kontext von einfachen Artefakten, Regeln und Praktiken. Unsere eigene Kultur wäre dann als primitiv zu klassifizieren. Der Umgang mit dem Fremden und den Fremden ist demnach unbedingt notwendig, wenn wir wollen, dass die eigene Kultur sich entwickelt, aber auch die individuelle Persönlichkeit des Einzelnen fortschreitet. Erfahrung von Fremdheit lässt die eigene Identität erst deutlich bewusst werden.

Die Mehrzahl der Fremden in Deutschland stammt aus der islamischen Welt. Ihre Religion ist uns merkwürdig vertraut und fremd zugleich. Der Islam gehört mit dem Judentum und dem Christentum zu den abrahamitischen Religionen. Vielleicht macht uns die mangelnde Exotik des Islams den Umgang mit ihm und seinen Anhängern so schwer. Menschen aus der islamischen Welt gehören wie wir nach unserer historischen Definition zur „Alten Welt". Wie wir sind sie durch den semitischen Monotheismus, durch das Erbe der klassischen Antike und die Tradierung vergleichbarer Sozialstrukturen geprägt. Sie sind uns näher, als wir wahrzunehmen in der Lage sind. Ich möchte dieses Phänomen als kulturelle „Tafelblindheit" beschreiben. Dieses Buch will einen Beitrag dazu liefern, dieser Blindheit abzuhelfen. Es stellt Erklärungen vor zu Verhaltensweisen von Muslimen, die uns auf den ersten Blick unlogisch, unverständlich und ablehnend erscheinen und versucht zugleich, deren innere Logik und Konsequenz aufzuzeigen. Weiterhin werden kulturelle Besonderheiten in ihren historischen, durch die islamische Traiditon geprägten Entwicklungen dargelegt. Geschrieben worden ist dieses Buch in der Absicht, einen Beitrag zur Verbesserung des Zusammenlebens mit unseren muslimischen Nachbarn und Freunden im deutschsprachigen Raum und in der islamischen Welt zu leisten.

Ein Buch ist in den seltensten Fällen das Ergebnis der Arbeit eines Einzelnen. Auch bei der Arbeit an diesem Kulturknigge der islamischen Welt habe ich auf die Hilfe von Freunden und Kollegen zählen dürfen. Nennen möchte ich hier stellvertretend für viele andere Prof. Dr. Gerhard Höpp und Frau Irmgard Dietrich vom Forschungsschwerpunkt Moderner Orient, Berlin. Wie immer hat meine Frau, Dr. Ina Heine, die Arbeit an diesem Buch vielfältig gefördert, nicht zuletzt dadurch, dass sie auch Arbeitspausen durchsetzte, wenn diese geboten waren. Allen, die mitgeholfen haben, danke ich sehr.

Einleitung

Auf der Welt leben mehr als eine Milliarde Muslime, die aus vielen unterschiedlichen Kulturen stammen. Die Mehrheit der islamischen Weltbevölkerung lebt in Ländern wie Indonesien, Bangladesh, Indien und Pakistan. Die größten Erfolge in der Ausbreitung ihrer Religion können die Muslime zur Zeit auf dem Schwarzen Kontinent verzeichnen. Europa am nächsten liegen die muslimischen Länder des Nahen und Mittleren Ostens, mit denen uns viele gemeinsame geschichtliche, religiöse, sprachliche und andere Traditionen, aber in der Gegenwart auch wirtschaftliche und politische Interessen verbinden. Es liegt auf der Hand, dass so unterschiedliche Kulturen und Zivilisationen wie die auf der Insel Java und die in der westafrikanischen Sahelzone, auf den Bergen des Hindukusch und in der philippinischen Inselwelt das Miteinander der Menschen durch zahlreiche und markante Unterschiede kennzeichnen. Alltag und Feste, Sprache und Kleidung zeigen klar voneinander unterscheidbare Formen, ebenso in weniger deutlicher Weise religiöse Vorstellungen und Rituale. Dennoch verbindet alle diese Menschen die gemeinsame religiöse Basis des Islams. Und trotzdem kann man von einem indischen oder indonesischen Islam sprechen, einem iranischen oder türkischen. Das Maß und die Form, in denen der Islam das Verhalten der Menschen in den verschiedenen Kulturen prägt, stellen sich unterschiedlich dar. In manchen Fällen lassen sich die regionalen Besonderheiten in Sitten und Gebräuchen auf vorislamische Kulturen zurückführen. Dabei spielt durchaus die Frage eine Rolle, wie lange der Islam in einer bestimmten geographischen Region schon bekannt war, wie schnell die Islamisierung vor sich ging oder wie stark die vorislamischen Kulturen und Religionen sich gegenüber der neuen Religion und ihrer Kultur behaupten konnten. Auch wenn man unter kulturgeschichtlichen Aspekten manche Verhaltensweisen von Muslimen als unislamisch betrachten mag, ist doch damit zu rechnen, dass diese selbst solche Sitten als genuin islamisch oder doch zumindest als mit dem Islam vereinbar ansehen. Muslime sind häufig untereinander darüber uneins, ob ein bestimmtes Verhalten als vom Islam geboten oder verboten zu betrachten ist. Eine der Ursachen dafür sind die kaum ausgebildeten autoritativen Strukturen dieses Glaubens. Religiöse Funktionsträger, die die Macht haben, bestimmte Handlungen als islamisch zu erklären und andere als unislamisch zu verdammen, gibt es kaum. Wenn solche Versuche der Institutionalisierung eines Lehramtes im Islam unternommen worden sind, war diesen bisher kein Erfolg beschieden. Dem außenstehenden Beobachter bleibt in einer solchen Situation nichts anderes übrig, als die Meinung eines Muslims zu akzeptieren, dass diese Handlung oder jenes Verhalten islamisch ist, auch wenn er damit rechnen muss, dass ein anderer Muslim das Gegenteil behauptet.

Die größere Aufmerksamkeit, die Muslime in der deutschen Öffentlichkeit auf sich ziehen, hat zu einer Reihe bemerkenswerter Veränderungen innerhalb der islamischen Gemeinschaft in Deutschland geführt. Lange Zeit traten die Anhänger des Islams kaum öffentlich in Erscheinung. Sie lebten zurückgezogen für sich. Seitdem sie aber aus den ‚Hinterhofmoscheen' in die Hauptstraßen der Großstadtviertel gezogen sind, sind sie verstärkt gezwungen, sich auf die deutsche Mehrheitsgesellschaft mit ihren Regeln und Verhaltensmustern einzulassen. Diese Situation ist weder für die Muslime noch für die Herkunftsdeutschen einfach, doch der Druck, sich anzupassen, besteht v.a. für die Muslime. Dafür sei hier nur ein Beispiel angeführt. Ursprünglich ist der Islam eine Religion, in der es keine religiösen Funktionsträger, also Priester oder Rabbiner, gibt. Jeder Muslim ist allein Gott für sein Tun Rechenschaft schuldig. Diese Situation hat dazu geführt, dass sich religiöse Hierarchien, wie wir sie z. B. aus der katholischen Kirche kennen, im Islam nur in rudimentärer Form entwickelt haben. Bei dem Versuch der muslimischen Gemeinschaften in Deutschland, eine den christlichen Kirchen oder der jüdischen Gemeinschaft vergleichbare öffentliche Stellung zu erlangen, stellt diese archaische Organisationsform ein schweres Hindernis dar. Wiederholte Forderungen z. B. nach einem Religionsunterricht für muslimische Kinder an öffentlichen Schulen oder gar der Anerkennung einer islamischen Gemeinschaft als Körperschaft des öffentlichen Rechts müssen von staatlichen Stellen vor allem deshalb abgelehnt werden, weil die verschiedenen vorhandenen islamischen Organisationen bis hin zu den großen Dachverbänden immer wieder miteinander konkurrieren und sich gegenseitig den Anspruch, alleiniger Vertreter der Muslime in Deutschland zu sein, streitig machen. Auch in Einzelfragen des Glaubens oder des richtigen ethischen Verhaltens vertreten Muslime und ihre Organisationen immer wieder unterschiedliche Positionen. Dass diese historisch bedingte Organisationsstruktur für die Muslime in Deutschland mit Nachteilen verbunden ist, ist auch den führenden muslimischen Repräsentanten bewusst. Aus dieser Erkenntnis heraus haben einige Organisationen damit begonnen, stärkere Autoritätsstrukturen aufzubauen. Wenn sich Religionsgelehrte einer muslimischen Organisation in Deutschland nach ausführlichen Beratungen auf eine bestimmte Position verständigt haben, ist es inzwischen religiöse Pflicht der Anhänger dieser Organisation, ihr Verhalten an diesen Vorgaben auszurichten. Man kann davon ausgehen, dass sich diese Entwicklung in absehbarer Zeit in immer mehr islamischen Organisationen durchsetzen wird.

Darüber hinaus können die neuen elektronischen Medien, wie etwa das Internet, zu einer weiteren Vereinheitlichung des Islams beitragen. Die neuen Kommunikationsmöglichkeiten sprechen naturgemäß vor allem jüngere Menschen an. Das Chatten im world-wide-web etwa führt dazu, dass sich junge Muslime mit ganz unterschiedlichem kulturellen Hintergrund, unterschiedlicher Ausbildung und ganz unterschiedlichen theologischen und praktischen Kenntnissen über ihren Glauben sowie unterschiedlichen Vorstellungen von dem, was Islam für sie bedeutet, miteinander austauschen. Hier ist ein globaler Meinungsaustausch entstanden, an dem die traditionellen islamischen Gelehrten kaum partizipieren. Diesen fehlt bisher offenbar auch völlig das Problembewusstsein für diese neue Entwicklung, die ihre Autorität in hohem Maße infrage stellt. Die Diskussionsforen in den neuen Medien werden durch den internationalen Austausch dazu führen, dass lokale und regionale religiöse Besonderheiten zunächst als solche stärker hervortreten. Über einen längeren Zeitraum betrachtet wird diese Entwicklung jedoch vermutlich zu einer Vereinheitlichung der islamischen Glaubensvorstellungen führen, die vor allem auf die Lebenspraxis einer jungen, gebildeten muslimischen Generation auch in Deutschland nicht ohne Konsequenzen bleiben wird. Man kann davon ausgehen, dass die ebenfalls im world-wide-web vertretenen internationalen islamischen Organisationen an Autorität gewinnen werden und die lokalen und regionalen Formen des Islams lediglich Färbungen eines insgesamt einheitlichen Islams darstellen werden. Hierbei handelt es sich aber um einen sehr langwierigen Prozess, da das Internet ja allen Positionen offensteht und die Frage, welche von ihnen sich durchsetzt, einen langen Diskussionsprozess voraussetzt. Neben inhaltlichen Aspekten werden auch soziale und kommerzielle Komponenten des Internets eine immer wichtigere Rolle spielen.

Schon heute lässt sich im Zusammenhang mit gesellschaftlichen Regeln eine geradezu revolutionäre Veränderung feststellen. Es ist eine neue Form des medialen ‚Heiratsmarktes' entstanden ist. In den neuen elektronischen Medien stellen sich junge Musliminnen und Muslime vor, die auf der Suche nach einem adäquaten Ehepartner sind. In diesen Heiratsannoncen stellen sie sich ausführlich in Texten vor, z. T. sogar mit Bild. Sie formulieren die Vorstellungen, die sie von einem zukünftigen Partner oder einer Partnerin haben. Dabei wird besonderer Wert auf das religiöse Moment gelegt, während andere Aspekte, wie etwa die soziale oder wirtschaftliche Stellung der Familie oder die nationale Herkunft, eine weitaus geringere Rolle spielen. Obwohl sich die gesellschaftlichen Konsequenzen aus dieser Entwicklung noch nicht genau abschätzen lassen, darf man davon ausgehen, dass diese neue Form der Eheanbahnung die Bedeutung der Familie, die ja in vielen islamischen Gesellschaften in diesem Zusammenhang traditionell eine wichtige Funktion übernimmt, in einem hohen Maße verändern wird.

Schließlich bieten Firmen, die sich als islamisch bezeichnen, im Internet die unterschiedlichsten Produkte an, die besonders auf die Bedürfnisse von Muslimen zugeschnitten sind. Zu diesen Artikeln gehören neben Büchern, Videobändern, Tonträgern oder Kalligrafien auch Textilien. Diese Angebote richten sich vor allem an eine weibliche Kundschaft. Präsentiert wird eine Kleidung, die als islamisch bezeichnet wird. Es handelt sich in der Regel um weit geschnittene lange Röcke und ebensolche langärmelige Oberteile sowie um Kopftücher in unterschiedlichen Formen, Farben, Stoffen und Dessins. Ferner werden entsprechende Accessoires wie Schuhe, Handschuhe und Handtaschen angeboten. Die Preise variieren je nach den Funktionen, die diese Kleidung haben soll. Man findet einfache und daher preiswerte Formen, aber auch solche, die offensichtlich für festliche Anlässe gedacht sind. Das Bemerkenswerte an diesen Katalogen ist die Tatsache, dass sie weltweit angeboten werden. Es werden also keine Rücksichten auf lokale, regionale oder nationale Kleidungstraditionen genommen. Es bleibt abzuwarten, ob sich diese Internet-Firmen wirtschaftlich werden durchsetzen können und ob die ‚islamische Mode' einheitlicher werden wird.

Trotz aller Tendenzen zur Vereinheitlichung werden die Unterschiede in den religiösen Vorstellungen und in der Alltagspraxis zwischen Muslimen, die z. B. aus der Türkei oder aus Nordafrika stammen, aus Afghanistan oder dem Senegal, noch für viele Jahre bestehen bleiben.

Es liegt auf der Hand, dass eine Darstellung des Verhaltens von Muslimen sich nicht auf die Muslimbevölkerung in ihrer Gesamtheit aller kulturellen Vielfältigkeit beziehen kann. Die Mehrzahl der Muslime, mit denen wir es in Europa zu tun haben, stammt aus den Staaten des Nahen und Mittleren Ostens und vom Balkan. Sei es, dass sie in den westeuropäischen Industrieländern als Arbeitsemigranten oder Asylanten leben, sei es, dass Deutsche als Vertreter europäischer Firmen und Administrationen längere Zeit in der islamischen Welt leben oder diese Länder als Touristen bereisen. Aufgrund der geographischen Nähe zueinander soll es im Folgenden vornehmlich um die Verhaltensweisen und sozialen Normen von Muslimen aus den arabischen Ländern, aus der Türkei, dem Iran oder den muslimischen Siedlungsgebieten des Balkans gehen. Hier handelt es sich jedoch um einen geographischen Raum, in dem sich zahlreiche kulturelle Unterschiede feststellen lassen. Zugleich findet sich aber auch eine Vielzahl von Gemeinsamkeiten im kulturellen und sozialen Leben, die es möglich machen, diese Übereinstimmungen als Standards der verschiedenen Völker zu beschreiben und zu analysieren.

Die große Anzahl von feststellbaren Gemeinsamkeiten in den verschiedenen islamischen Gesellschaften bilden das Fundament für die Einheitlichkeit der islamischen Welt. Den wichtigsten Baustein in diesem Fundament bildet die Summe einheitlicher religiöser Normen und Vorstellungen und die aus ihnen resultierenden Verhaltensweisen. Sie sollen im Folgenden zunächst in einem kurzen Überblick zusammengefasst werden.

Im Glaubensbekenntnis (arabisch: Schahada) der Muslime: „Es gibt keinen Gott außer Gott, und Muhammad ist der Gesandte Gottes", bekennen die Gläubigen die Einheit Gottes, der keine anderen Götter neben sich hat. Diesen radikal-monotheistischen Anspruch hat der Islam mit dem Judentum und dem Christentum gemeinsam, auch wenn Muslime die christlichen Trinitätsvorstellungen für eine Abweichung von diesem Monotheismus ansehen. Muslime glauben, dass Gott der Menschheit verschiedene Boten, Propheten, gesandt hat, deren letzter der Prophet Muhammad ist, der 632 in Medina, einer Stadt auf der Arabischen Halbinsel, starb. Ihm wurde der Koran, das heilige Buch der Muslime, in arabischer Sprache geoffenbart. Seine Botschaft richtet sich an alle Menschen, an Männer und Frauen in gleicher Weise. In diesem Text findet sich eine Vielzahl von Aussagen zu den unterschiedlichsten Themenbereichen. Der Koran behandelt theologische Fragen, geht auf den religiösen Ritus des Islams ein, fordert zur Buße und zu guten Taten auf und beschreibt die Schrecken des Jüngsten Gerichts. Er beschränkt sich jedoch nicht auf religiöse oder religionsbezogene Aussagen. In ihm findet sich auch eine Anzahl von Anweisungen, die den juristischen Bereichen des Straf- und Zivilrechts zuzuordnen sind. Allgemein bekannt sind die angedrohten Strafen für Diebstahl, Mord oder Ehebruch. Zivilrechtliche Themen betreffen vor allem das Ehe- und Erbrecht. Alle Muslime stimmen darin überein, dass es sich bei dem Koran um die endgültige Botschaft Gottes an die Menschheit handelt. Nur in arabischer Sprache ist der Text als kanonisch anzusehen. Er kann also nicht übersetzt werden. Schließlich ist er das Wort Gottes, das von einem Menschen nicht nachzuahmen ist. Daher sollte jeder Muslim Arabisch lernen, um den heiligen Text zu verstehen. Die besondere Bedeutung des Arabischen für die islamische Welt hat dazu geführt, dass in einigen Staaten Arabisch als Schrift verwendet wird und zahlreiche arabische Worte und Redewendungen in diese Sprachen eingingen. Es bedeutet zugleich, dass die Araber als das Volk, aus dem der Prophet Muhammad hervorging und in dessen Sprache der Koran geoffenbart wurde, bei aller vom Islam geforderten Gleichheit der Muslime vor Gott doch über ein gewisses Prestige in der islamischen Welt verfügen. Auch für viele Araber war und ist der Text des heiligen Buches freilich schwer zu verstehen. Daher entwickelte sich schon früh die Praxis, den Koran zu kommentieren und zu interpretieren. Vielen Muslimen ist es aus objektiven Gründen nicht möglich, Arabisch zu lernen. Übersetzungen in andere Sprachen des islamischen Kulturbereichs, wie Persisch oder Türkisch, werden als Korankommentare angesehen, wobei jedoch der arabische Text immer verbindlich bleibt.

Neben dem Glaubensbekenntnis als der ersten Pflicht eines jeden Muslims kennt der Islam noch eine Reihe weiterer Gebote, die von jedem Muslim und jeder Muslimin erfüllt werden müssen. Zu ihnen gehört das Pflichtgebet, das jeder Gläubige im Zustand ritueller Reinheit fünfmal am Tag verrichten muss. Am Freitag findet in der Moschee unter der Anleitung eines Vorbeters (Imam) ein Gemeinschaftsgebet statt, bei dem auch eine Predigt gehalten wird. Um das Freitagsgebet zu leiten, bedarf es keiner theologischen Ausbildung oder einer Weihe. Grundsätzlich kann jeder Gläubige diese Aufgabe übernehmen. Gleiches gilt auch für die Predigt. Ferner gibt es ein Fastengebot. In der Zeit des islamischen Monats Ramadan sollen sich die Muslime vom frühen Morgen bis zum Sonnenuntergang jeder flüssigen oder festen Nahrung enthalten und sich insgesamt eines gottgefälligen Lebens befleißigen. Nach Sonnenuntergang kann das Fasten dann bis zum nächsten Morgen unterbrochen werden. Da das islamische Jahr als Mondjahr zehn Tage kürzer ist als das Sonnenjahr, rückt der Fastenmonat durch das ganze Jahr und kann in die Wintermonate, aber auch in die Sommermonate fallen, in denen das Fasten für die Gläubigen eine besondere Belastung darstellt. Die Mehrzahl von ihnen bemüht sich dennoch, nicht ohne Stolz, dieser Pflicht nachzukommen. Eine Pflicht von großer sozialer und wirtschaftlicher Bedeutung ist das Almosengeben. Muslime sind verpflichtet, einen gewissen Teil ihres Einkommens für karitative Zwecke zur Verfügung zu stellen. Dabei kann es sich um die persönliche Wohltätigkeit eines Einzelnen gegenüber einem Bedürftigen handeln, aber auch um die seltener praktizierte Einsammlung der Almosen durch zentrale staatliche oder nichtstaatliche Organisationen. Schließlich sollte jeder Muslim, der dazu körperlich und finanziell in der Lage ist, einmal in seinem Leben die Pilgerfahrt machen und die heiligen Stätten des Islams in Mekka und Umgebung besuchen. Diese „fünf Säulen des Islams" sind von allen Muslimen zu beachten. Darüber hinaus hat der Muslim sich jedoch ständig der Tatsache bewusst zu sein, dass alle seine Handlungen, auch die unbedeutendsten, der Beurteilung durch Gott als dem gerechten Richter unterliegen. Nach einer weit verbreiteten islamischen Vorstellung werden alle Taten des Menschen in „Kontobüchern" aufgeschrieben. Am Ende der Zeiten, beim Jüngsten Gericht, wird Gott jeden Menschen richten. Dann kommt es darauf an, dass der Saldo des Gläubigen positiv ist. Die, bei denen das der Fall ist, dürfen in das Paradies eintreten, während die anderen in die Hölle verdammt werden. Die Auswirkungen schlechter Taten können durch gute Werke ausgeglichen werden.

Es ist klar, dass sich diese religiösen Pflichten auf das Alltagsverhalten und den Lebensrhythmus auswirken. Sie ordnen seinen Tagesablauf und sein Leben insgesamt. Auf diese Situation muss man sich im Umgang mit Muslimen einrichten, wie man auch von ihnen erwartet, dass sie sich auf unsere durch die christliche Religion bestimmten Verhaltensweisen einstellen.

Literaturhinweise

Adel Th. Khoury: Der Islam – sein Glaube, seine Lebensordnung, sein Anspruch. Freiburg (Herder/Spektrum) 1992.

Adel Th. Khoury / Ludwig Hagemann / Peter Heine: Islam-Lexikon. Freiburg (Herder/Spektrum) 1991.

„Islam ist Ergebung in den Willen Gottes"
Die Auswirkungen der Religion auf den gesellschaftlichen Umgang

Wie in der Einleitung festgestellt, durchdringt der Islam alle Lebensbereiche des Muslims und bleibt für den Gläubigen auch bei den unscheinbarsten Aspekten des Alltags von kaum zu unterschätzender Bedeutung. Um so sorgfältiger geht der Gläubige mit den eindeutig religionsbezogenen Bereichen seines Lebens um. Verschiedene Aspekte des Islams in ganz unterschiedlichen Zusammenhängen stellen daher ein häufiges und gerne gewähltes Gesprächsthema unter Muslimen dar. Bemerkenswert ist dabei, dass diese Disputationen in der Regel nur geringe Emotionen hervorrufen. Auch in Unterhaltungen mit Nicht-Muslimen werden religiöse Fragen gerne als Thema aufgegriffen. Vor allem bei neuerer und noch nicht sehr tief gehender Bekanntschaft sollte man als Nicht-Muslim daher Interesse zeigen, wenn der Islam im Gespräch zum Thema wird. Es ist empfehlenswert, im Gespräch die positiven Merkmale dieser Religion hervorzuheben und die auf ihr begründeten kulturellen Errungenschaften anzuerkennen. Eine solche Sichtweise wird in der Regel positiv aufgenommen, schafft ein vertrauensvolles Gesprächsklima und baut Spannungen und negative Erwartungen gegenüber dem Europäer ab. Als Christ kann man auf die zahlreichen Ähnlichkeiten und Übereinstimmungen zwischen Christentum und Islam hinweisen. Ein derartiges Verhalten entspricht den Idealen der nah- und mittelöstlichen Umgangsformen der verschiedenen Religionsgruppen auch untereinander. Kontroverse Themen und Diskussionen um den Vorzug der einen gegenüber der anderen Religion sollte man dagegen unbedingt meiden. Man bringt einen Muslim dadurch in die Zwangslage, einerseits seine Religion verteidigen zu müssen, andererseits aber sich gegenüber einem Gast unhöflich zu verhalten. Kann er diese Aporie nicht lösen, wird er den Kontakt abbrechen. Das Gebot der Zurückhaltung gilt auch in Fällen, in denen sich Muslime negativ über ihre eigene Religion äußern. Eine solche Äußerung kann aus einer augenblicklichen Verärgerung erwachsen sein und darf dann nicht allzu ernst genommen werden. Muslime, die sich in einer ernsten Glaubenskrise befinden, werden sich damit kaum an einen nicht näher bekannten Europäer wenden. Stimmt man als Nicht-Muslim einer solchen Kritik zu, mag es sein, dass der Gesprächspartner sich der Schwere seiner Kritik bewusst wird, sie so nicht aufrecht erhalten will und dann zu Ausflüchten greift, die das Gesprächsklima erschweren. Ernstes Interesse ist bei dieser Form der Kritik am Islam auf der Seite des westlichen Gesprächspartners eher angemessen. Als Nicht-Muslim sollte man auch nicht in innerislamische Diskussionen eingreifen. Es reicht aus, sie mit Interesse zur Kenntnis zu nehmen, wenn man bei einem solchen Vorgang Zeuge wird. Häufig ist es auch schwer, als Außenstehender die Ernsthaftigkeit einer solchen Diskussion ohne weiteres zu erkennen. Möglich ist immerhin, dass lediglich ein rhetorisches Scheingefecht stattfindet. Ein Eingreifen des Nicht-Muslims könnte dann wiederum als eine Kritik am Islam aufgefasst werden. Auch wenn der Beobachter glaubt, dass er sich in Bezug auf einen bestimmten Aspekt des Islams besser auskennt als der muslimische Gesprächspartner, kann man nur empfehlen, der Versuchung zu widerstehen, mit seinem Wissen zu brillieren. Muslime können sich dadurch zu Recht beschämt fühlen, was einer positiven Gesprächsentwicklung nicht förderlich ist. In derartig heiklen Situationen hat sich die Beteiligung am Gespräch in der Form von Verständnisfragen bewährt, die ohne Verstimmung aufgegriffen werden können.

Gerade junge Musliminnen und Muslime in Deutschland leiden unter der häufigen Kritik, die in den Medien immer wieder am Islam geübt wird. Die Folge der weit verbreiteten Islamophobie ist, dass die jungen Leute immer wieder und in den unterschiedlichsten Situationen auf ihre Religion angesprochen werden. Dies geschieht in der Schule, am Arbeitsplatz oder bei gesellschaftlichen Ereignissen, bei denen sich die Angesprochenen nur ungern in möglicherweise konfliktreiche Diskussionen verwickeln lassen wollen. Inhaltlich werden dabei häufig politische Vorgänge mit sozialen Praktiken und diese wiederum mit religiösen Geboten oder Verboten des Islams vermengt, die im Grunde wenig oder gar nichts miteinander zu tun haben. Die muslimischen Gesprächspartner sehen sich dann gezwungen, vorhandene Fehleinschätzungen über ihre Religion zu korrigieren und sich in Diskussionen einzulassen, die sie als unpassend und der jeweiligen Situation unangemessen betrachten. Häufig werden sie in solchen Unterhaltungen auch in eine Position gedrängt, die ihrer eigenen Einschätzung des Islams nicht entspricht. Solche Kontroversen werden nicht selten als belastend empfunden. Natürlich kann man sich mit Muslimen auch in Deutschland über ihre Religion und Herkunftskultur unterhalten. Man sollte dies aber nur dann tun, wenn sich auch Angehörige der eigenen Religionsgemeinschaft über religiöse oder mit religiösen Vorstellungen zusammenhängende Fragen austauschen würden.

Kritik an der eigenen christlichen Religion oder an der Weltanschauung, die ein Muslim im persönlichen Gespräch äußert, sollte man höflich, aber bestimmt zurückweisen, auch wenn sie möglicherweise berechtigt erscheint. Falls sie in Form einer Frage geäußert wird, sollte man ihr in einer entsprechend aufklärenden Form begegnen. Es ist übrigens ganz erstaunlich, wie umfangreich die Kenntnisse von Muslimen über innerchristliche theologische Diskussionen sind. Dieses Niveau lässt sich auch bei Gesprächspartnern finden, die von ihrer Ausbildung und sozialen Stellung her solche Kenntnisse nicht erwarten lassen. Diese Feststellung betrifft die Muslime in der Welt des Nahen und Mittleren Ostens, sie gilt vor allem aber natürlich für diejenigen, die in den Staaten Westeuropas leben. So wurde ich einmal in der Moschee der islamischen Gemeinde in Aachen in eine heftige Diskussion um die Thesen des Paderborner Theologen und Psychotherapeuten Eugen Drewermann verwickelt. Es versteht sich von selbst, dass man gegenüber Muslimen, zu denen man einen engeren Kontakt und ein freundschaftliches Verhältnis aufgebaut hat, auch in Fragen der Religion offener und direkter sein kann. Doch auch dann erfordert dieses Thema großes Geschick und Einfühlungsvermögen.

Die Glaubenspflichten

Aus den erwähnten „fünf Säulen", die die Glaubensinhalte des Islams tragen, ergibt sich für einen Nicht-Muslim eine Anzahl von Verhaltensregeln, auf die geachtet werden sollte. Die Schahada, das Glaubensbekenntnis der Muslime, das der Muezzin fünfmal am Tag erschallen lässt, wird beim Gebet und bei vielen anderen Gelegenheiten gesprochen. In der Regel wird sie in der arabischen Version rezitiert. Die Formel lautet: „La illaha ila llah wa Muhammad rasul allah." Auf diese Weise bekennen die Muslime, dass es keinen Gott außer Gott gibt und Muhammad der Gesandte Gottes ist. Es versteht sich, dass ein Nicht-Muslim schon aus Respekt vor der Religion eines anderen dieses Glaubensbekenntnis nicht leichtfertig rezitiert. Daneben gibt es aber auch noch einen weiteren Aspekt im Zusammenhang mit dieser „ersten Säule" des Islams, der einen juristischen Charakter hat. Durch die bewusste, ernsthafte Aussprache dieser Formel wird ein Mensch nach islamischem Verständnis auch formaljuristisch zum Muslim. Dieser Vorgang ist irreversibel und hat eine Reihe von weiteren unterschiedlichen Konsequenzen, wie die Frage der Religionszugehörigkeit eventueller Kinder oder bei Frauen die Religionszugehörigkeit des Ehepartners und vieles mehr. Es geschieht manchmal, dass Muslime im Spaß versuchen, einen Nicht-Muslim zum Aussprechen dieser Formel zu veranlassen. Auch wenn die aus Unkenntnis erfolgende Aussprache der Bekenntnisformel nach islamischem Recht keine Verbindlichkeit hat, können doch durch einen solchen Vorgang für einen Nichtmuslim unangenehme Situationen erwachsen. Jeder, der in eine solche Situation kommt, sollte auf jeden Fall vermeiden, die Formel in ihrer Gesamtheit auszusprechen. Der Betroffene benötigt dann viel Geschick und geistige Beweglichkeit, um zu vermeiden, dass der Verzicht auf die Erwähnung des Propheten Muhammad als Beleidigung aufgefasst wird.

„Beten ist besser als Schlafen" – Das Gebet

Die Verpflichtung zum Pflichtgebet zu fünf festgesetzten Tageszeiten wird von vielen Muslimen sehr ernst genommen. Sie müssen zur gültigen Erfüllung dieser Glaubenspflicht im Zustand der rituellen Reinheit sein. Diese wird durch vorgeschriebene Waschungen erreicht. Muslime sind also schon aus religiösen Gründen zu großer Sauberkeit angehalten. Es ist verständlich, dass Menschen in Gegenden, in denen aus klimatischen Gründen großer Wassermangel herrscht, mit dem kostbaren Nass vorsichtiger umgehen als Europäer, die nicht gelernt haben, mit Wassermangel zu leben. So ist uns bei Besucherinnen aus dem Nahen und Mittleren Osten immer wieder aufgefallen, mit wie geringen Mengen Wasser sie beim Spülen von Geschirr auskommen konnten. Von diesem vorsichtigen und umweltbewussten Umgang mit Wasser auf Unsauberkeit zu schließen, wäre völlig verfehlt. Häuser im Orient sind weniger dicht gebaut als solche in Nordeuropa. Das ist nicht weiter verwunderlich. Schließlich besteht nicht die Notwendigkeit, sich im gleichen Maß gegen klimabedingte Kälte zu schützen. Kommt es dann aber einmal zu einem Witterungseinbruch mit niedrigen Temperaturen oder gar mit Eis und Schnee, müssen Besucher und Einheimische in kaum einer Region der Erde so frieren wie in den subtropsichen und tropischen Ländern der islamischen Welt. Es zieht angesichts der leichten Bauausführung durch Fenster und Türen, was bei wärmeren Temperaturen nicht unangenehm ist. Allerdings dringt durch diesen Luftzug in der überwiegend trockenen Zeit auch feiner Staub ins Haus, der sich auf Boden und Möbel legt. Nicht nur in Hotels und Geschäften wird gesprengt und gefegt. In den Privathäusern bemüht man sich in gleicher Wiese. Muslimische Privathäuser sind angesichts der klimatischen und bautechnischen Verhältnisse als außergewöhnlich sauber zu bezeichnen. Vorwürfe der Unsauberkeit, wie sie in einem populären, angeblichen Erlebnisbericht in der westlichen Öffentlichkeit verbreitet worden sind, entbehren jeder Grundlage.

Muslime unterscheiden im rituellen Bereich zwischen zwei Formen der Waschungen. Bei Formen geringerer ritueller Unreinheit, wie sie durch den Kontakt mit Schmutz, Blut, Schleim, Körpersekreten usw. entsteht, genügt es, dass verschiedene Körperteile in einer festgelegten Reihenfolge gewaschen werden. In Fällen vollständiger ritueller Unreinheit, z. B. nach Geschlechtsverkehr, muss dagegen eine Ganzkörperwaschung vorgenommen werden, bei der der Körper insgesamt in Wasser untergetaucht werden soll. Da in traditionellen islamischen Häusern nur in den seltensten Fällen die Möglichkeiten für eine derartige Form der Waschung gegeben waren, fanden und finden diese Reinigungsrituale in öffentlichen Bädern (Hammam) statt. Im Hammam werden die Regeln der Geschlechtertrennung selbstverständlich strikt eingehalten. An festgelegten Wochentagen können nur Männer in einem bestimmten öffentlichen Bad ihre Reinigung vollziehen, an anderen Wochentagen haben Frauen Zutritt. Hilfestellung bieten den Männern Badediener an. Entsprechend stehen weibliche Betreuerinnen den Frauen zur Seite. Alle großen und kleinen Städte der islamischen Welt verfügen über eine größere Zahl von öffentlichen Bädern. Es bestand daher für beide Geschlechter immer die Möglichkeit, die rituell notwendigen Waschungen zu vollziehen. Mit dem orientalischen Bad werden in Europa spätestens seit dem 19. Jahrhundert Vorstellungen von lasziven gleichgeschlechtlichen Aktivitäten verbunden. Gemälde von Ingres oder anderen europäischen Malern haben zu diesem Bild kräftige Striche beigefügt. Trotz aller europäischen Phantasien geht es nach allen vorliegenden Berichten in den orientalischen Bädern ausgesprochen schicklich zu. Vor allem für die Musliminnen bietet das Hammam allerdings auch die Möglichkeit, eine gewisse Zeit der Entspannung und der Freiheit zu genießen. Sie können sich so der Beobachtung durch eine kritische männliche Öffentlichkeit entziehen. Der Besuch eines orientalischen Bades ist auch für einen europäischen Besucher des Nahen und Mittleren Ostens empfehlenswert. Die verschiedenen Reinigungs- und Ruhevorgänge, die Massagen und Frottagen regen den Kreislauf an und sind auch unter gesundheitlichen Gesichtspunkten hoch zu schätzen. Das Hammam bietet aber auch die Möglichkeit, einen Einblick in die dezenten Formen des orientalischen Umgangs mit Fremden und Bekannten zu erhalten.

Die Moschee ist der Platz, an dem sich Muslime zum Gebet einfinden. Es kann sich dabei lediglich um ein eingefriedetes Stück Land, einen einfachen Bau oder um ein architektonisches, mit vielen Kostbarkeiten ausgestattetes Meisterwerk handeln. Muslime bringen ihm immer die gleiche Verehrung entgegen. Die Moschee kann verschiedene Funktionen erfüllen. An erster Stelle ist sie natürlich Stätte des Gebets. Die Stille und Kühle vieler Moscheen laden aber auch zum Meditieren ein. Sie ist Ort der Lehre und des Lernens, vielleicht in Ermangelung eines Nachtlagers auch Schlafstätte. In einer Anzahl von islamischen Ländern dürften inzwischen auch Nicht-Muslime eine Moschee betreten. Muslime in Europa sind oft stolz, ihre Moschee Fremden zeigen zu dürfen. Besucher müssen dann in vielen Fällen jedoch die Schuhe ausziehen, so wie es auch die Muslime regelmäßig tun. Von Männern wie Frauen wird beim Moscheebesuch eine passende Kleidung erwartet. In Ländern, in denen Nicht-Muslimen der Besuch der Moscheen verboten ist, resultiert die Anordnung aus der Auffassung, dass diese als rituell unrein angesehen werden. Um Konflikte zu vermeiden, ist es nur vernünftig, diese Vorschrift zu beachten.

Das tägliche Gebet ist für gläubige Muslime von großer Bedeutung. An den normalen Wochentagen kann dieses Gebet überall, in der Wohnung, auf dem Feld oder der Straße und natürlich in der Moschee, stattfinden. Bedingung ist lediglich, dass der Gebetsort rituell rein ist. Um diesen Zustand zu erreichen, wird eine Bodenbedeckung ausgebreitet, häufig der berühmte Gebetsteppich. Es kann sich aber auch um ein Stück Tuch oder Packpapier handeln. Im Verlauf des Gebets sind verschiedene Körperhaltungen einzunehmen und die vorgeschriebenen heiligen Texte zu rezitieren, wobei der Beter sich in die Richtung der heiligen Stadt Mekka wendet. Vom Gemeinschaftsgebet am Freitagmittag abgesehen, kann jeder Muslim diese Gebete für sich allein vollziehen. Für viele Muslime ist das Gebet nicht nur eine Pflicht, sondern auch religiöses Bedürfnis und von einer entsprechenden Bedeutung. Da es fünfmal am Tag in bestimmten Zeiträumen durchgeführt werden muss, kann es geschehen, dass ein Gläubiger eine Unterhaltung unterbricht und sich zur Erfüllung dieser

Glaubenspflicht zurückzieht. Die Frage, wann jemand betet, kann durchaus Gesprächsgegenstand bei Verabredungen oder Gesprächen zwischen Familienangehörigen zur Organisation der Arbeit im Alltag sein. Es versteht sich, dass man in den Ländern des Nahen und Mittleren Ostens auf diese Tagesplanung von Muslimen Rücksicht nehmen muss. Es ist nicht statthaft, einen Muslim, der sich im Vollzug des Pflichtgebets befindet, dabei zu stören oder zu unterbrechen. Diese Regel gilt, ob es sich um den Direktor einer großen Firma oder einen Türhüter handelt. Falls es tatsächlich einmal zu einer Störung des Rituals kommt, muss der Gläubige noch einmal von neuem beginnen. Das islamische Recht gestattet den Muslimen, die sich auf Reisen befinden oder aus anderen Gründen am pünktlichen Vollzug der Gebetspflicht gehindert sind, dieses zu einem späteren Zeitpunkt nachzuholen. Daher stellt sich die Frage nach der Einhaltung der Gebetszeiten für Muslime in Europa in einem weniger drängenden Maße. Doch sind sie auch dann bemüht, die vorgeschriebenen Zeiten einzuhalten. Während im Zusammenhang mit den täglichen Pflichtgebeten eine gewisse zeitliche Flexibilität bei der Durchführung möglich ist, liegt die Zeit für das Gemeinschaftsgebet der Muslime am Freitagmittag fest. In manchen islamischen Ländern wird vor allem im Zusammenhang mit diesem Gemeinschaftsgebet dafür gesorgt, dass die Gläubigen sich auch tatsächlich in der Moschee einfinden. In einer solchen Situation kann man davon ausgehen, dass kaum eine Möglichkeit zu geschäftlichen oder privaten Verabredungen gegeben ist. Obwohl der Islam keinen Ruhetag vergleichbar dem christlichen Sonntag kennt, hat sich inzwischen in vielen islamischen Ländern die Praxis entwickelt, dass die meisten Berufstätigen nach dem Mittagsgebet am Freitag nicht mehr an ihren Arbeitsplatz zurückkehren und sich statt dessen frei nehmen. Man hat also kaum eine Möglichkeit, geschäftliche Besprechungen an einem Freitagnachmittag anzuberaumen. Auch der Versuch, von Europa aus an einem Freitag in einem Land wie Saudi-Arabien telefonisch einen Geschäftspartner zu erreichen, kann als aussichtslos angesehen werden. Muslimen in Europa gelingt es natürlich nur in wenigen Fällen, einen entsprechenden Rhythmus einzuhalten. Wenn es sich um selbständige Gewerbetreibende handelt, gehen sie allerdings zur Moschee, kehren dann jedoch wieder in ihr Ladenlokal zurück und gehen weiter ihrer Tätigkeit nach. Als Europäer tut man gut daran, in Rechnung zu stellen, dass der Freitag auch für die Muslime in Westeuropa ein besonderer Tag ist. Der aufmerksame Beobachter nimmt wahr, dass sie sich dann anders kleiden und durch weitere Verhaltensweisen verdeutlichen, dass sich dieser Tag von den übrigen Wochentagen unterscheidet.

Angesichts der sich verstärkenden Kontakte zwischen Muslimen und Nichtmuslimen in Deutschland kommt es immer häufiger vor, dass Nichtmuslime bei den islamischen Pflichtgebeten anwesend sind. Dies kann bei besonderen Familienfesten wie Hochzeiten oder Trauerfeierlichkeiten der Fall sein. Bei all diesen und vielen anderen Gelegenheiten wird die Eröffnungssure des Koran, die Fatiha, gebetet. Häufig werden weitere Gebetsformeln rezitiert. In solchen Fällen stellt die Anwesenheit von Nichtmuslimen aus muslimischer Sicht vor allem dann kein besonderes Problem dar, wenn die Gebete in Privatwohnungen oder in Gaststätten oder Clubs durchgeführt werden. Nichtmuslime sollten sich dabei zurückhaltend und still verhalten und das Ritual mit dem gebührenden Respekt verfolgen. Hier wäre auch die rechte Gelegenheit, sich im Anschluss an das Gebet über einzelne Teile der Rituale zu informieren. Ist man als Nichtmuslim dagegen bei einem freitäglichen Gemeinschaftsgebet oder an einem gemeinsam von mehreren Muslimen durchgeführten Pflichtgebet in einer Moschee oder einem Gebetsraum anwesend, sind von den Gästen eine Reihe von Verhaltensregeln zu beachten. Wie Muslime legen auch Nichtmuslime Schuhe oder Sandalen vor Betreten der Moschee oder des Betraums ab, um die rituelle Reinheit des Gebetsbereichs nicht zu verletzen. Nicht-Muslime sollten Schmuck, der auf ihre religiöse Herkunft hinweist, wie Kruzifixe oder Davidsterne, aber auch Sternzeichen oder Ähnliches, ablegen bzw. so unter ihrer Kleidung verbergen, dass sie nicht mehr sichtbar sind. Frauen sollten in der Moschee ein Kopftuch anlegen. Handelt es sich um eine offizielle Einladung zum Gemeinschaftsgebet, empfiehlt es sich, etwa zwanzig Minuten vor Gebetsbeginn in der Moschee einzutreffen. Falls man sich verspätet, sollte man den Abschluss des Gemeinschaftsgebets abwarten, ehe man den Betraum betritt. Es ist auch unhöflich, die Moschee schon vor dem Ende des Rituals zu verlassen. In der Regel ist es nicht gestattet, während des Gebets Foto-, Film- oder Videoaufnahmen zu machen. Hier lassen sich aber unterschiedliche Praktiken in den einzelnen Moscheegemeinden beobachten. Daher ist es angezeigt, sich vorher nach den üblichen Regelungen zu erkundigen. Gegen Tonaufnahmen wird in der Regel kein Einspruch erhoben. Doch gebietet schon allein die Höflichkeit, auch in diesem Fall bei den Betroffenen nachzufragen. In manchen Moscheegemeinden wird nach dem Gottesdienst um eine Geldspende gebeten. Gäste sind zu einer solchen Gabe absolut nicht verpflichtet. Nach dem Gebet geht die Gemeinde in der Regel ohne spezielle Formen der Verabschiedung auseinander. Vielen Moscheen oder Moscheezentren in Deutschland sind allerdings Gaststätten oder Teestuben angeschlossen, in die nichtmuslimische Gäste nach Veranstaltungen in der Moschee gerne eingeladen werden. Natürlich werden hier keine alkoholischen Getränke angeboten, wie auch die anderen Nahrungsmitteltabus des Islams beachtet werden. Auch hier ergibt sich die Gelegenheit, sich mit Muslimen über ihre Religion, ihr Leben in Deutschland oder über politische Probleme in ihren Herkunftsländern zu unterhalten. Falls die Möglichkeit besteht, mit dem Vorbeter einige Worte zu wechseln, spricht man ihn korrekt mit ‚Imam' an. Frauen, aber auch nichtmuslimische Männer, sollten bei der Begrüßung oder der Verabschiedung vom Imam oder von den Teilnehmern am Gebet das in Deutschland übliche Händeschütteln vermeiden. Stattdessen ist eine angedeutete Verbeugung angemessen.

„Von dem Augenblick, da man einen weißen von einem schwarzen Faden unterscheiden kann" – Das Fasten

Noch deutlicher wirkt sich eine andere Glaubenspflicht der Muslime auf das tägliche Leben aus, das Fasten im islamischen Monat Ramadan. In dieser Zeit muss sich der Muslim morgens von dem Moment an, „da man einen weißen Faden von einem schwarzen unterscheiden kann", bis zum Sonnenuntergang neben anderem jeder festen oder flüssigen Nahrung enthalten. Auch das Rauchen ist ihm nicht gestattet. Da viele Menschen in den Ländern des Nahen und Mittleren Ostens starke Raucher sind, ist von dieser Vorschrift ein hoher Anteil der Bevölkerung stark betroffen. Ab Sonnenuntergang ist die Verpflichtung zum Fasten bis zum nächsten Morgen unterbrochen. Da das islamische Jahr ein Mondjahr und damit ca. zehn Tage kürzer als das Sonnenjahr ist, rücken alle Monate um diese Spanne durch das Jahr. Daher kann der Ramadan in die heißen Monate fallen, in denen das Fasten naturgemäß eine ganz besondere Belastung darstellt, oder in die Winterzeit, in der vor allem der Verzicht auf Flüssigkeit weniger schwer fällt. Trotz oder gerade wegen der Beschwernisse sind Muslime stolz darauf zu fasten. Man fragt sich gegenseitig: „Fastest du?" Wenn die Antwort positiv ausfällt, wird das mit einem kräftigen „al-Hamdu li-llah" (Gott sei Lob und Dank) kommentiert. Schon Kinder bitten ihre Eltern, ihnen das Fasten zu gestatten. Im Monat Ramadan verändert sich das öffentliche Leben in vielen islamischen Staaten. Alles ist stärker auf den Islam ausgerichtet als in der übrigen Zeit des Jahres. Viele Muslime bemühen sich in dieser Zeit darum, allen Anforderungen ihrer Religion in besonderer Weise Genüge zu leisten. Ein Kairoer Taxifahrer erklärte mir einmal: „In dieser Zeit bemühen wir uns um ein besonders korrektes Verhalten in allen Dingen. Zum Beispiel reden wir nicht schlecht über unsere Bekannten, besonders nicht über den Staatspräsidenten." Viele Muslime bemühen sich in diesem Monat, Konflikte, die sich innerhalb oder außerhalb der Familie ergeben haben, beizulegen. Die elektronischen Medien verändern ihr Programm und widmen sich in besonderer Weise islambezogenen Themen. Man kann eine höhere Beteiligung an den Gemeinschaftsgebeten feststellen, und die Großzügigkeit gegenüber den Armen und Schwachen wird noch größer, als sie in der islamischen Welt ohnehin schon ist. In vieler Hinsicht ist der Ramadan aber auch ein Festmonat, zu dem man sich zum Beispiel in der arabischen Welt mit dem Gruß „Ramadan sa'id" (Einen glücklichen Ramadan) gratuliert. Straßen und Moscheen sind mit bunten Lampen geschmückt. In einigen Ländern finden sich auch spezielle Ramadanlaternen, auf denen von mehr oder weniger künstlerischer Hand islamische Motive wie Moscheen, die Kaaba und kalligrafische Texte angebracht werden. Wie im christlichen Kontext haben sich in den islamischen Ländern spezielle Fastenspeisen entwickelt, bei deren Zubereitung die Hausfrauen ihre Back- und Kochkunst in jeder Hinsicht demonstrieren können. Um den Körper nach der täglichen Fastenperiode nicht zu sehr zu belasten, bricht man die Nüchternheit traditionell mit einer Dattel. Damit folgt der Muslim, wie bei vielen anderen Handlungen, dem Vorbild des Propheten Muhammad. Zu den typischen Fastenspeisen gehörten auch verschiedene Suppen, zum Beispiel die in Nordafrika bekannte Harira (eine Gemüsesuppe, in der Hülsenfrüchte eine wichtige Zutat bilden). Besonders beliebt und typisch sind die verschiedenen Arten von Blätterteiggebäck, das sehr süß, aber auch salzig sein kann. Häufig werden die verschiedenen Ramadanspeisen in der Nachbarschaft verteilt. Dieser Austausch von Speisen ist allerdings nicht auf den Ramadan beschränkt, sondern kann auch in der übrigen Zeit des Jahres vorkommen. Durch dieses Geben und Nehmen entwickeln sich nicht selten informelle Tauschringe innerhalb einer Nachbarschaft, an denen sich alle Bewohner der Umgebung beteiligen. Hat eine Nachbarin über einen längeren Zeitraum hinweg keine Anstalten gemacht, ein besonderes Gericht zu verteilen, wird das als Hinweis auf eine schwierige wirtschaftliche Lage angesehen, und die übrigen Nachbarinnen beraten, wie geholfen werden kann.

Da nach Sonnenuntergang gegessen werden kann, verschiebt sich der allgemeine Lebensrhythmus auf den Abend und die Nacht. Dazu trägt nicht zuletzt die Tatsache bei, dass einige Zeit vor dem morgendlichen Fastenbeginn Männer mit Lärminstrumenten durch das Dorf oder Stadtviertel laufen, die so auf das Herannahen des Beginns der täglichen Fastenperiode aufmerksam machen. Auf diese Weise haben die Gläubigen die Möglichkeit, nochmals Speise und Trank zu sich zu nehmen. Im Ramadan ist es Brauch, dass sich Familien und Freunde gegenseitig besuchen. Die Kinder dürfen noch länger aufbleiben, als es sonst schon üblich ist, in den Städten drehen sich Karussells, und hin und wieder erfreuen auch noch Märchenerzähler die Passanten.

Die Tatsache, dass die Menschen während des Ramadan vornehmlich nachts aktiv sind, hat jedoch auch einige negative Konsequenzen, die selbst von vielen Muslimen kritisch beurteilt werden. Die Konzentration der Fastenden lässt im Verlauf des Tages stärker nach. Das kann zu Vergesslichkeit führen, und der Satz: „Ich faste" ist als Entschuldigung so üblich, dass er in den übrigen Monaten des Jahres als Grund dafür, dass man etwas vergessen oder nicht sorgfältig erledigt hat, verwendet wird. Die Zahl der Arbeitsunfälle ist in diesem Monat signifikant höher als in den anderen Zeiten des Jahres. Die Geschäfte, vor allem aber die staatlichen Behörde sind nur wenige Stunden am Tage dienstbereit. Falls ein Europäer aus geschäftlichen Gründen in die islamische Welt reisen will, sollte er diesen Zeitraum meiden. Auch für Touristen bedeutet der Ramadan, dass sie häufig vor verschlossenen Türen in den Bazaren stehen, Baudenkmäler nicht betreten können und Museen nur beschränkt geöffnet sind. Zwar ist es heute in den meisten islamischen Ländern üblich, dass wenigstens einige Restaurants Gäste empfangen. Ihre Fenster sind jedoch verhängt, und die Beleuchtung bleibt auf ein unbedingt erforderliches Minimum reduziert. Man will auf diese Weise verhindern, dass die Fastenden durch den Anblick von Essern gestört werden. Das Speise- und Getränkeangebot in den Restaurants ist in dieser Zeit häufig eingeschränkt. Auch wenn in einem Land in den übrigen Monaten kein allgemeines Alkoholverbot herrscht, kann es vorkommen, dass der westliche Besucher im Ramadan vergeblich nach einem Bier oder einem Glas Wein fragt. Man sollte sich als Europäer im Ramadan den Sitten bis zu einem gewissen Grad anpassen und auf keinen Fall auf der Straße essen oder rauchen. Gastfreundschaft gegenüber Besuchern aus der westlichen Welt wird von Muslimen allerdings auch in der Fastenperiode geübt. Man erhält bei einem Besuch die obligatorische Tasse Kaffee oder das Glas Tee. Manches Mal bin ich im Ramadan von muslimischen Kollegen zum Mittagessen eingeladen worden. Sie bestellten für mich, saßen mit am Tisch und schauten mir beim Essen zu.

Während es einem Muslim in der islamischen Welt weniger schwer fällt, sich der Pflicht des Fastens zu unterziehen, stellt sie in einem Land, dessen Gesellschaft vom Ramadan keine Kenntnis nimmt, eine erhebliche Beschwernis dar. Dennoch bemühen sich viele Muslime in Westeuropa, dieser Pflicht nachzukommen. Nicht selten nehmen Gläubige in dieser Zeit Urlaub, um den Ramadan ganz oder zum Teil in einem islamischen Land verbringen zu können. Es ist zu beobachten, dass auch in Westeuropa im Ramadan die Moscheen stärker besucht sind als in der übrigen Zeit des Jahres. Die hier lebenden Muslime versuchen, das traditionelle Ramadanleben bis zu einem gewissen Grad fortzuführen. Man sollte in dieser Zeit angesichts ihrer besonderen Belastung für die muslimischen Mitbürger Verständnis aufbringen.

Beendet wird der Fastenmonat mit dem „Fest des Fastenbrechens", das in der Regel zwei bis drei Tage lang gefeiert wird. Kinder erhalten aus diesem Anlass Geschenke und Süßigkeiten. Daher rührt die türkische Bezeichnung „Zuckerfest". Familien und Freunde besuchen einander nach einem festgelegten Turnus und tauschen Glückwünsche aus. Gerade an diesen Tagen wird auch der Nichtmuslim in das gesellschaftliche Leben mit einbezogen. Es entspricht den Regeln der Höflichkeit, dass solche Beglückwünschungen auch von Nichtmuslimen erfolgen. Leider hat sich dieses Verhalten in Westeuropa noch nicht sehr eingebürgert. Es ist neuerdings in den Staaten des Nahen und Mittleren Ostens auch üblich, dass man sich aus Anlass des Festes Kartengrüße zusendet. Diese Bildkarten zeigen häufig islamische Motive oder neutrale Landschaftsdarstellungen. Solche Grüße können auch von Nichtmuslimen an Muslime versandt werden. Manche Muslime schreiben ebenfalls aus Anlass der christlichen Feiertage Glückwunschkarten, auf die man mit einem Dankeswort reagieren sollte. Es kann in einem islamischen Land durchaus geschehen, dass in der Regel schlecht bezahlte staatliche Angestellte der Strom- oder Wasserversorgung diese Gelegenheit nutzen, um eine kleine Zuwendung auch von den ansässigen ausländischen Kunden ihres Arbeitgebers zu erhalten. Angesichts der oft sehr niedrigen Monatseinkünfte dieser Angestellten muss man dafür Verständnis haben und sollte seinen Obolus ohne größere Diskussionen entrichten. Man kann dann auch davon ausgehen, dass im folgenden Jahr eventuell auftretende technische Schwierigkeiten in der Strom-, Wasser- oder Telefonversorgung so schnell wie möglich behoben werden.

In deutschen Städten mit einer größeren Anzahl von muslimischen Einwohnern, die in den entsprechenden Moscheegemeinden organisiert sind, ist es immer üblicher geworden, dass die Gemeindevorstände aus Anlass des Ramadan zu einem offiziellen Fastenbrechen einladen. Unter Muslimen findet dieses als gemeinsames Abendessen in den Restaurants oder Teestuben statt, die den Moscheen angeschlossenen sind. Häufig bringen die Teilnehmer vorher zubereitete Gerichte mit, die dann gemeinsam verzehrt werden. Solch ein Essen bietet auch Gelegenheit, unauffällig der Pflicht zum Almosen nachzukommen. Große muslimische Organisationen sind in den letzen Jahren auch verstärkt dazu übergegangen, Vertreter der deutschen Öffentlichkeit, also Politiker, die Spitzen der lokalen und regionalen Verwaltung, Vertreter der anderen großen Glaubensgemeinschaften, der Gewerkschaften und Journalisten zu einem offiziellen Empfang anlässlich des Fastenbrechens einzuladen. Solche Veranstaltungen, die dann auch eine entsprechende Beachtung in den Medien finden, werden in der Regel in Hotels oder großen Restaurants und nicht in den Moscheekomplexen durchgeführt. Die Einladungen erfolgen in der Regel schriftlich, und die Höflichkeit gebietet es, auf diese entsprechend zu reagieren. Die Veranstaltungen unterscheiden sich nicht von vergleichbaren Empfängen bei Parteien, Verbänden oder anderen Einrichtungen. Alkoholische Getränke werden nicht ausgeschenkt, statt dessen Obstsäfte und andere Softdrinks. Unter den angebotenen Speisen finden sich traditionelle orientalische, aber auch deutsche Gerichte. Man sollte zu diesen Veranstaltungen pünktlich erscheinen, da in der Regel Reden gehalten werden. Danach kann man sich ohne weiteres verabschieden. Für die Gemeindevorstände bietet sich hier die Gelegenheit, sich der deutschen Öffentlichkeit vorzustellen und ihre politischen Ziele bekannt zu machen. Daher sind diese Veranstaltungen von erheblicher Bedeutung für die weitere Integration der muslimischen Gemeinschaften in die deutsche Gesellschaft.

„Zum Zentrum der Welt" – Die Pilgerfahrt

Das andere bedeutende Fest der islamischen Welt, das „Opferfest", gehört in den Rahmen einer weiteren Glaubenspflicht der Muslime, der Pilgerfahrt (Hadjdj). Jeder Muslim, der physisch und finanziell dazu in der Lage ist, sollte einmal in seinem Leben die heiligen Stätten des Islams in der Stadt Mekka und ihrer Umgebung aufsuchen. Während seines Aufenthalts vollzieht der Pilger ein umfängliches Ritual. Der Zeitpunkt für die Pilgerfahrt ist genau festgelegt. Sie findet im islamischen Monat Dhu l-Hidjdja, dem letzten Monat des islamischen Jahres, statt. Die genaue Durchführung des rituellen Kanons beansprucht den Gläubigen viele Stunden über mehrere Tage. Der Vollzug dieser Glaubenspflicht berührt viele Teilnehmer emotional so stark, dass sich dieses Erleben auf die spätere Lebensführung auswirkt. Alltägliche Lebensweisen werden nicht selten verändert, und die Weisungen des Islams erhalten in allen Bereichen Vorrang. Diese Entwicklungen sind nicht nur typisch für Gläubige, die ohnehin traditionellen Regeln folgen. Auch bei modern und liberal ausgerichteten Muslimen zeigen sich Veränderungen, und sie richten sich deutlicher auf die Vorschriften ihrer Religion aus. So gehört zu unserem Bekanntenkreis eine ägyptische Professorin, die einem Schluck Whisky nicht abgeneigt und in ihrem gesamten Erscheinungsbild sehr westlich eingestellt war. Nachdem sie die Pilgerfahrt vollzogen hatte, nahm sie das Alkoholverbot ganz ernst und begann, ein Kopftuch zu tragen. Dabei hielt sie ihre weltoffene und lebensbejahende Haltung bei und verstand es, dem Kopftuch einen beträchtlichen modischen Chic abzugewinnen. Trotz der heutigen modernen Verkehrsmittel wie dem Flugzeug oder klimatisierten Reisebussen ist die Pilgerfahrt für viele Muslime immer noch eine Seltenheit. Denjenigen, die die Reise unternommen haben, wird nach ihrer Rückkehr von den Daheimgebliebenen eine besondere Verehrung entgegengebracht. Die Heimkehrenden werden feierlich empfangen. In ägyptischen Dörfern werden die Hauswände der Pilger mit der Kaaba und dem für die Wallfahrt benutzten Verkehrsmittel bemalt. Alle sprechen die Pilger zukünftig mit dem Ehrentitel „Hadjdji" an.

Der rituelle Abschluss der Pilgerfahrt wird mit der Schächtung eines Opfertiers begangen. Erinnert wird mit dieser Handlung an das Opfer Abrahams, der nach islamischer Vorstellung seinen Sohn Ismael auf Gottes Befehl opfern sollte. Die logistischen, hygienischen und anderen technischen Probleme, die mit der Tatsache verbunden sind, dass mehrere hunderttausend, ja bis zu einer Millionen Menschen diese Opferhandlung gleichzeitig vollziehen, kann an dieser Stelle nicht näher untersucht werden. Wichtig ist in unserem Zusammenhang vielmehr, dass dieses Opfer zur gleichen Zeit in der gesamten islamischen Welt vollzogen wird. Für Muslime wird auf diese Weise auch die Einheit der Muslime weltweit dokumentiert. Aus diesem Anlass wird ein zwei Tage dauerndes Fest gefeiert, das den Namen ‚großes Fest' (arabisch: al-'Id al-kabîr) oder auch Zuckerfest (türkisch: seker bayrami) hat. Bei der eigentlichen Opferhandlung nimmt das Familienoberhaupt die Schlachtung nach festgelegten überlieferten Regeln vor. Normalerweise wird ein Lamm geopfert. Für Muslime in der Diaspora ist dieser Vorgang mit einer Reihe von Schwierigkeiten verbunden. Schon ein lebendes Opfertier zu finden, ist – zumal in den großen Städten – nicht ganz einfach. Die Schlachtung hat darüber hinaus gemäß den Vorschriften der deutschen Hygienegesetzgebung zu erfolgen. Inzwischen haben sich die großen islamischen Dachorganisationen in Deutschland auf eine Anzahl von Regularien verständigt und diese mit den Veterinärbehörden, die für ein ordnungsgemäßes Verfahren Sorge zu tragen haben, abgesprochen. Das geopferte Tier wird bei einem gemeinsamen Mahl verspeist, zu dem sich die ganze Familie zusammenfindet. Aus Anlass des Festes werden die Kinder vor allem mit Süßigkeiten, aber zunehmend auch mit Spielzeug beschenkt. Verwandte, Freunde und Bekannte besuchen sich gegenseitig und beglückwünschen sich. Wenn wegen räumlicher Trennung persönliche Kontakte nicht möglich sind, telefoniert man miteinander. Auch der Austausch von schriftlichen Glückwünschen ist üblich. Spezielle Glückwunschkarten werden aus diesem Anlass in reicher Auswahl zum Verkauf angeboten. Das Fest bietet auch Gelegenheit, bestehende Differenzen im Verwandten- und Bekanntenkreis beizulegen. In islamischen Gesellschaften ist es allgemein üblich, dass auch Nichtmuslime ihren muslimischen Bekannten ein frohes Fest wünschen. In Deutschland ist diese Praxis noch in der Entwicklung begriffen. Die Repräsentanten der deutschen staatlichen und kirchlichen Autoritäten sind in den letzten Jahren aber bereits dazu übergegangen, den muslimischen Mitbürgern offiziell ihre Glückwünsche zu übermitteln. In den Massenmedien wird inzwischen auf das große Fest der Muslime hingewiesen. Über persönliche Festtagswünsche von deutschen Kollegen, Freunden und Nachbarn freuen sich hier lebende Muslime besonders. Auch kurze Festtagsbesuche sind willkommen.

„Für Witwen und Waisen" – Das Almosen

Zu den bemerkenswertesten und eindrucksvollsten der fünf Glaubenspflichten der Muslime gehört sicherlich die des Almosengebens. Der Koran und viele andere autoritative Texte des Islams verpflichten die Gläubigen, Arme und Bedürftige nach den materiellen Möglichkeiten zu unterstützen. Muslime nehmen diese Verpflichtung sehr ernst und folgen ihr ohne jeden organisatorischen Zwang. In der Mehrzahl der islamischen Staaten erspart sich die Administration offizielle Organisationen, die die entsprechenden Gelder einziehen. Stattdessen gibt es in den großen Städten der islamischen Welt quasi „Geschäftsbeziehungen" zwischen mehr oder weniger wohlhabenden Muslimen und bestimmten Bedürftigen. Die Armen erhalten immer wieder regelmäßig einen kleinen Geldbetrag oder eine Sachspende von „ihren" Wohltätern. In diesem Kontext übernimmt der Bettler durchaus einmal die Initiative und erinnert seinen Gönner daran, dass er das ihm zustehende Almosen noch nicht erhalten hat. In der Regel wird es ihm dann unverzüglich übergeben.

Im islamischen Mittelalter bildeten die Bettler einen eigenen Berufsstand mit den entsprechenden organisatorischen Strukturen. Es handelte sich in diesem Fall um ein städtisches Phänomen, das sich auf dem Lande kaum finden ließ, auch wenn dort in der Regel die Armut nicht geringer war. Da sich in den Dörfern auch heute noch die Unterschiede zwischen den wohlhabenden und den armen Bewohnern nicht so krass darstellen, vor allem aber zahlreiche verwandtschaftliche Beziehungen bestehen, die zur gegenseitigen Hilfeleistung verpflichten, sind „professionelle" Bettler hier sehr viel seltener anzutreffen als in der Stadt. Die Bewertung des Almosens als einer religiösen Pflicht hat im Übrigen auch dazu geführt, dass die soziale Stellung der Bettler in der traditionellen islamischen Gesellschaft sehr viel stärker ist als in anderen Regionen oder modernen Gesellschaftsstrukturen. Es ist üblich, dass sich der Spender bei einem Bettler bedankt, wenn er ihm eine Gabe überreicht. Er gibt dem Gebenden schließlich die Möglichkeit, eine religiöse Pflicht zu erfüllen. Freundliche Gaben sind aber nicht nur gegenüber „professionellen" Bettlern richtig und üblich, sondern auch gegenüber Menschen, die durch besondere Umstände in wirtschaftliche Schwierigkeiten geraten sind. In diesen Fällen ist allerdings Rücksicht auf das Ansehen und die Empfindlichkeit des Bedachten zu nehmen. Jede taktlose Aktion ist zu vermeiden, um den Stolz des Betroffenen nicht zu verletzen. Der Gebende bemüht sich in einem solchen Fall, seine Hilfe so anonym wie möglich zu übermitteln. Zahlreiche Möglichkeiten sind denkbar. Das Geschenk kann heimlich und im Schutz der Dunkelheit bei dem Bedürftigen niedergelegt werden, oder ein Bote wird eingeschaltet, der die Identität des Gebers nicht verrät. Der Spender darf auch behaupten, dass es sich bei der Gabe um die Rückzahlung einer alten Schuld handelt. Es gehört zu den Besonderheiten des sozialen Umgangs in islamischen Gesellschaften, dass bei einer anonymen Übergabe alle Beteiligten natürlich insgeheim wissen, wer der Geber und wer der Beschenkte ist. Zentrales Moment bleibt jedoch, dass die in Not befindliche Person oder Familie nicht in der Öffentlichkeit bloßgestellt wird. Im Übrigen kann der Geber davon ausgehen, dass der Bedachte sich ebenso verhält, falls sich das Glück einmal wenden sollte. Das Prinzip der Reziprozität, dem zahlreiche Handlungsweisen in allen Bereichen des sozialen Lebens in der islamischen Welt folgen, bestimmt auch hier das Muster.

„Auf dem Wege Gottes" – Der Glaubenskampf

In Diskussionen über den Islam zwischen Muslimen und Nichtmuslimen wird immer wieder die Frage nach dem „heiligen" Krieg, oder besser Glaubenskampf (Djihad), gestellt. Ich habe den Eindruck gewonnen, dass dieses Thema europäische Beobachter der islamischen Welt mehr beschäftigt als alle anderen Ereignisse. Dazu trägt sicherlich auch die Tatsache bei, dass der Djihad in politischen Turbulenzen, von denen die islamische Welt oft heimgesucht wird, ein wichtiges, Medien begeisterndes Moment darstellt. Natürlich ist es richtig, dass sich der Islam zu Beginn seiner Geschichte als staatliches und rechtliches System durch militärische Mittel ausgebreitet hat und auch heute noch eine Minderheit von Muslimen das aggressive Moment des Djihad betont. Islamische Rechtsgelehrte betonen heute aber vor allem die andere Seite dieses Phänomens, nämlich den defensiven Chrakter des Glaubenskampfes. Unbestritten ist, dass Muslime sich einem Gegner auch mit Waffengewalt in den Weg stellen müssen, wenn dieser die islamische Welt bedroht. Kontrovers ist natürlich die Frage, ob auch der wirtschaftliche oder kulturelle Einfluss des Westens als eine Bedrohung angesehen werden kann, gegen den vorzugehen ist. Für die Mehrzahl der Muslime spielt der militärische Aspekt des Begriffs „Djihad" nur eine unwesentliche Rolle. Sie nehmen den Begriff ganz wörtlich. Das arabische Wort „Djihad" bedeutet zunächst nichts anderes als „Anstrengung aller Kräfte". Das kann im Sport geschehen, bei der Arbeit oder im Studium. Im ethischen Sinne bedeutet es, dass man sich mit allen Kräften bemüht, seine eigenen schlechten Angewohnheiten und Unzulänglichkeiten zu unterdrücken und zu bekämpfen. Diese Form des Glaubenskampfes steht für viele Muslime im Vordergrund. Sie sind nicht erfreut, wenn westliche Gesprächspartner immer wieder auf die militärische oder die aggressive Seite dieses Themas abheben.

„Du sollst dir kein Bild machen" – Das Bilderverbot

Mit einem religiösen Aspekt des islamischen Normenkatalogs wird jeder Besucher der islamischen Welt konfrontiert, der der weitverbreiteten Praxis des Photographierens frönt. Der Islam kennt ein Bilderverbot, das zwar nicht im Koran aufgestellt worden ist, aber in der islamischen Tradition mit der Zeit einen festen Platz eingenommen hat. Wie im Judentum auch, sah man in frühislamischer Zeit die Gefahr, dass die Darstellungen von Menschen oder Tieren zu Formen der Bilderverehrung führen könnten, die dem monotheistischen Anspruch des Korans zuwiderlaufen würde. Formen bildender Kunst entwickelten sich daher vor allem in der islamischen Schriftkunst, für die der Begriff der Arabeske steht. Gegenständliche Malerei ist in der islamischen Welt stets eine Kunstform geblieben, die mit einem gewissen Unbehagen gesehen wurde und lange Zeit fast ausschließlich für den privaten Bereich produziert wurde. Die islamische Miniaturmalerei macht diese Tatsache deutlich. Erst mit dem wachsenden westlichen Einfluss seit dem 19. Jahrhundert hat sich auch in der islamischen Welt eine einheimische Kunstszene entwickelt, die bis in die Gegenwart ganz unter dem Eindruck der westlichen Kunst gestanden hat. Erst seit dem Beginn der siebziger Jahre ist erkennbar, dass die moderne islamische Kunst begonnen hat, sich von den westlichen Vorbildern zu emanzipieren. Die Wiederaufnahme kalligrafischer Techniken der traditionellen islamischen Schriftkunst bezeugt diese Entwicklung. Neue technische Methoden und Materialien finden Verwendung, verknüpft mit modernen Sichtweisen, die zu einer Weiterentwicklung der älteren Formen führen. Die islamische Distanz zur bildenden Kunst hat dazu geführt, dass in den meisten muslimischen Häusern auch von wohlhabenden, westlich beeinflussten Familien die Wände in der Regel kahl sind. Wenn Bilder aufgehängt werden, handelt es sich oft um die Fotos von politischen oder religiösen Führern. Beliebt sind auch Landschaftsdarstellungen, gegen die auch das islamische Recht keine Einwendungen erhebt. Diese Bilder wird man unter kunstkritischen Gesichtspunkten meist nicht unbedingt als besondere künstlerische Leistungen ansehen können, handelt es sich doch oft um idealisierte Berglandschaften in einer naturalistischen Technik etwa mit rauschendem Wasserfall, schneebedeckten Gipfeln und einem röhrenden Hirsch im Vordergrund. Der Betrachter sollte über diese Form der Wanddekoration in einem muslimischen Haus jedoch nicht die Nase rümpfen. Schließlich finden sich ähnliche Schmuckelemente auch in europäischen Häusern. Es handelt sich hier im Übrigen schließlich um eine Bemühung, sich einer fremden Lebensweise anzunähern. Besondere Aufmerksamkeit westlicher Beobachter hat die in vielen islamischen Staaten geübte Praxis gefunden, in Amtsstuben, Gerichten, aber auch in Ladengeschäften und auf öffentlichen Plätzen das Bild des Staatspräsidenten aufzuhängen. Dabei handelt es sich um eine Sitte, die schon aus den alt-orientalischen Kulturen bekannt ist. Die Anbringung von Herrscherbildern muss als ein Ausdruck von Macht betrachtet werden und ist mit den ritualisierten Auftritten westlicher Politiker im Fernsehen vergleichbar. Kritische Bemerkungen von westlichen Besuchern hinsichtlich einer solchen Praxis stoßen in der Regel auf Unverständnis bei orientalischen Gesprächspartnern.

Man kann angesichts des islamischen Bilderverbots auch als westlicher Tourist in einem islamischen Land immer wieder in komplizierte Situationen geraten, wenn man fotografieren will. Dass Objekte von militärischer oder strategischer Bedeutung nicht fotografiert werden dürfen, ist verständlich. In vielen Fällen reagieren Menschen jedoch unwirsch, wenn ein Fremder seine Kamera auf sie richtet, ohne vorher um Erlaubnis gefragt zu haben. Auch wir schätzen es ja nichts besonders, wenn wir von japanischen Touristen ohne weiteres fotografiert werden sollten. Es ist natürlich nicht allein der religiöse Aspekt, der zu einer Verweigerung der Fotoerlaubnis führt. Europäische Touristen im Orient versuchen verständlicherweise, solche Szenen vor das Objektiv zu bekommen, die ihnen als besonders typisch für das Land und die Kultur, der sie sich gegenübersehen, erscheinen. Dabei handelt es sich in der Regel um besonders pittoreske Motive. Dazu zählen Menschen in ihrer traditionellen oder besonders ärmlichen Kleidung oder die Vertreter eines altertümlichen Handwerksberufes, Verkäufer in Bazaren und viele andere Dinge, die nicht als kennzeichnend für moderne Entwicklungen bezeichnet werden können. Es liegt nahe, dass sich Menschen nicht gerne in ihrer Armut fotografieren lassen. In vielen Ländern der islamischen Welt lebt ein beträchtlicher Nationalstolz. Einwohner fürchten, dass Fotos von der Armut und Rückständigkeit ihres Landes im Ausland zur Herabsetzung ihrer Heimat verwendet werden. Sie wehren sich daher gegen das exzessive Fotografieren und versuchen, die Motivsuche der Touristen auf moderne Hotelbauten, Parkanlagen und Ähnliches zu richten.

„Es gibt kein Mönchtum im Islam" – Die Pflicht zur Ehe

Nach islamischer Auffassung gehört es zu den Pflichten des Menschen zu heiraten. „Es gibt kein Mönchtum im Islam", ist einer der häufig zitierten Aussprüche des Propheten Muhammad. Menschen, die nicht heiraten, sieht die islamische Gesellschaftsordnung nicht vor. Natürlich gibt es Fälle, dass Muslime und Musliminnen nicht heiraten. Das hat häufig ihre soziale Marginalisierung zur Folge. Eine solche Situation ist für Männer, vor allem aber für Frauen außerordentlich schwierig. Während Männer unter Umständen noch allein leben können, ist das für eine unverheiratete Muslimin im Grunde unmöglich. Auch in weniger traditionellen Familien wird eine unverheiratete Frau in der Regel bei ihren Eltern leben, die sich auch für eine erwachsene Tochter weiter verantwortlich fühlen und unter Umständen sogar ihre Bewegungsfreiheit oder ihren Tagesablauf bestimmen. Falls die junge Frau berufstätig ist, kann es geschehen, dass sie ihr gesamtes Einkommen in den Haushalt der Eltern einfließen lässt. Mir sind Fälle bekannt geworden, in denen die Eltern dieses Geld für ihre Tochter in Immobilien angelegt haben, aber auch solche, in denen sie fast ausschließlich für den Lebensunterhalt der Eltern zu sorgen hatte. Wenn die Eltern sterben, wird die unverheiratete junge Frau unter Umständen in der Familie eines Bruders oder eines anderen männlichen Verwandten aufgenommen. Hier wirkt sich ihr unsicherer sozialer Status nachteilig aus, weil alle Familienmitglieder vorrangige Rechte für sich beanspruchen. Älter gewordene unverheiratete Frauen sind oft in einer sehr schwierigen Situation. Schon aus diesem Grund ist es nicht verwunderlich, dass die Menschen in der islamischen Welt unter allen Umständen heiraten wollen und die Vorstellung eines Single-Daseins für sie völlig unverständlich ist. Natürlich gibt es auch Ausnahmen von dieser Regel. Einige wenige muslimische Frauen haben sich heute bewusst für ein Leben allein entschieden. Es handelt sich dabei jedoch in der Regel um Personen, die über eine westliche akademische Ausbildung verfügen und über eine beträchtliche intellektuelle, vor allem aber wirtschaftliche Unabhängigkeit verfügen. Mit dem allgemein verbreiteten Heiratswunsch hängt auch die Tatsache zusammen, dass in vielen Fällen das Heiratsalter sehr viel niedriger ist als in westlichen Industrienationen. Das niedrige Alter von Frauen bei der Heirat ist aber auch eine Folge der besonderen Sorge, die die Familie eines Mädchens oder einer jungen unverheirateten Frau in Bezug auf deren guten Ruf an den Tag legt. Falls dieser durch Gerüchte über einen allzu sorglosen Lebenswandel Schaden nimmt, verringern sich die Heiratschancen. Je früher ein Mädchen nach der Geschlechtsreife verheiratet wird, um so geringer ist nach Ansicht der Familie die Gefahr, dass es in einen schlechten Ruf gerät. Die Sorge um den guten Ruf der Töchter findet man übrigens nicht nur bei Muslimen, sondern auch bei den verschiedenen religiösen Minderheiten in der islamischen Welt.

Der Ruf von Europäerinnen ist dagegen durch viele Vorurteile bestimmt. In jüngster Zeit haben verschiedene Medien wie Film, Fernsehen und Video mit dazu beigetragen. So nahm in Marokko das Interesse an Deutschkursen nachweislich zu, als sich die Möglichkeit ergab, die Spätabendprogramme deutscher kommerzieller Fernsehsender zu empfangen. Die Vorstellung von den lockeren moralischen Vorstellungen und Praktiken von Deutschen, wie sie in den entsprechenden auch in Marokko gesehenen Softpornofilmen wiedergegeben werden, wirkt sich natürlich auf Vorstellungen über Europäerinnen aus. Hinzu kommt auch, dass die Kleidung von Urlaubern, die in islamischen Ländern wie Ägypten, Marokko, der Türkei oder Tunesien ein unbekümmertes Strandleben vorführen, von vielen Einheimischen als Zeichen von mangelnder Moral angesehen wird. Man darf sich also nicht wundern, wenn Europäerinnen keinen guten Ruf haben und immer wieder in schwierige Situationen kommen. Die Hinweise zur Kleidung, die vor allem die Touristinnen ansprechen sollen, sind ernst zu nehmen. Empfehlungen in Reiseführern und auch Hinweisen in den Ferienhotels der Urlaubsländer des südlichen und östlichen Mittelmeerraumes sollte wirklich Folge geleistet werden.

In traditionellen islamischen Verhältnissen bedeutet eine Heirat nicht die Legitimierung der Beziehung zwischen zwei Menschen unterschiedlichen Geschlechts, sondern die Verbindung zwischen zwei Familien. Daher wurden und werden zum Teil auch noch heute Ehen von den Eltern der jungen Leute arrangiert. Häufig kommt es im traditionellen Kontext vor, dass der Wunsch zu solchen Abmachungen von den jungen Leuten, vor allem von den jungen Männern, ausgeht. Sie bitten ihre Mutter, für sie eine passende Braut zu suchen. Da junge Frauen in traditionellen Familien ebenfalls daran interessiert sind, verheiratet zu werden, gehen sie auf entsprechende Angebote ein, auch wenn ihnen das islamische Recht die Möglichkeit gibt, einen vorgeschlagenen Bräutigam abzulehnen. Aber nicht nur in traditionellen muslimischen Familien werden Ehen arrangiert. Ich weiß beispielsweise von einer jungen Frau aus der afghanischen Oberschicht, die an der Harvard Business School ihr Examen mit Erfolg abgelegt hatte. Sie heiratete einen Mann, den ihre Familie für sie ausgesucht hatte. Auf die erstaunte Frage, warum sie als in den Vereinigten Staaten ausgebildete und unabhängige Frau sich auf so ein Arrangement einlasse, antwortete sie: „Schauen Sie sich doch die Singles hier an, die vielen gescheiterten Ehen, die vielen unglücklichen Menschen. Von dem Mann, den ich heiraten werde, weiß ich alles. Ich kenne seine Kinderkrankheiten und weiß, welcher seiner Onkel einen Bankrott produziert hat. Ich kenne seine Lieblingsfarbe, sein Lieblingsessen und weiß, welche Musik er nicht mag. Unsere beiden Familien haben sich gegenseitig genau überprüft. Sie haben festgestellt, dass wir zusammenpassen. Nach menschlichem Ermessen sind alle Voraussetzungen für eine erfolgreiche und glückliche Ehe gegeben." Allerdings denken nicht alle jungen Musliminnen so. Vor allem die jungen muslimischen Frauen, die in Europa aufgewachsen sind, kennen das Ideal der Liebesheirat und sehen die Arrangierung einer Ehe für sich als einen erheblichen Eingriff in ihre persönliche Freiheit an. Häufig haben sie präzise Vorstellungen von ihrer beruflichen und persönlichen Zukunft, die sich mit den Wünschen ihrer konservativen Eltern nicht in Übereinstimmung bringen lassen. Besonders dramatisch wird eine solche Konstellation, wenn sich emotionale Bindungen zu nichtmuslimischen männlichen Altersgenossen ergeben. Denn das islamische Recht und die Tradition sind auch in diesem Zusammenhang patrilinear ausgerichtet. Diese patrilineare Ausrichtung bedeutet, dass sich die Abstammung einer Person stets von der väterlichen Linie her bestimmt. Das gilt auch für die Religionszugehörigkeit. Ein Kind „erbt" also immer die Religion seines Vaters. Falls eine Muslimin einen Nichtmuslim heiratet, würde ein Kind aus dieser Verbindung nach dieser Vorstellung automatisch die Religion des Vaters haben und damit folglich nicht der Gemeinschaft der Muslime angehören. Diese Konsequenz ist wiederum für das islamische Recht nicht akzeptabel. Übrigens hat auch das moderne Recht vieler islamischer Staaten diese Regel des islamischen Rechts übernommen. Das hat wiederum Auswirkungen auf die standesamtlichen Praktiken in Deutschland. Auch hier werden Ehen zwischen einem christlichen Mann und einer Muslimin nicht zugelassen. Ein Deutscher, der eine Muslimin heiraten will, muss daher zum Islam übertreten. Auf eine Ausnahme muss in diesem Zusammenhang jedoch hingewiesen werden. Diese staatliche Regelung gilt nicht, wenn es sich bei der Frau um eine türkische Staatsbürgerin handelt. Da sich die türkische Republik als ein säkularer Staat versteht und in der Zivilgesetzgebung kaum islamische Elemente enthalten sind, sind dort Heiraten zwischen Nichtmuslimen und Musliminnen unter rechtlichen Gesichtspunkten möglich. Daher erheben die deutschen Standesämter auch keine Einsprüche, wenn eine Türkin zur Eheschließung mit einem deutschen Nichtmuslim erscheint. Ob jedoch die Familie einer jungen Türkin der Heirat ihrer Tochter mit einem deutschen Nichtmuslim zustimmt, hängt von deren Bindung an den Islam und die türkischen Traditionen ab.

Nach islamischen Vorstellungen ist eine Heirat ein Abkommen zwischen zwei Familien, das durch einen Ehevertrag geschlossen wird. Dieser Vertrag wird durch einen religiösen Richter (Qadi) notariell beglaubigt. In diesen Vertrag können die verschiedensten Vereinbarungen aufgenommen werden, die das Zusammenleben der zukünftigen Eheleute regeln. Einen wichtigen Punkt in einem solchen Vertrag stellt die Feststellung dar, dass die beiden zukünftigen Ehepartner der vereinbarten Eheschließung zustimmen. Festgelegt werden muss auch ein Brautgeld, das vom Bräutigam oder seiner Familie an die der Braut gezahlt wird. Eine symbolische Summe in der Höhe von Pfennigbeträgen erfüllt diese Bedingung. In der Mehrzahl der Fälle geht es jedoch um beträchtliche Kapitalmengen. In einigen islamischen Staaten erreichen diese Summen inzwischen solche Dimensionen, dass staatliche Stellen Kreditfonds eingerichtet haben, um jungen Männern überhaupt eine Heirat zu ermöglichen. Traditionell wird das Brautgeld in drei Teile geteilt. Ein Teil wird für die Anschaffung von Hausrat verwendet, ein anderer für die Hochzeitsfeierlichkeiten. Der dritte Teil wird von der Familie der Braut in Verwahrung genommen. Er dient der finanziellen Absicherung der jungen Frau im Fall einer Scheidung.

Die Ausgestaltung der Hochzeitsfeierlichkeiten selbst kennt natürlich zahlreiche Varianten. Soziale Faktoren und wirtschaftliche Potenz bilden dabei die Richtschnur. Es ergeben sich Unterschiede zwischen Stadt und Land, traditionell geprägten Familien oder solchen, die modern eingestellt sind. Schließlich spielen selbstverständlich auch die wirtschaftlichen Verhältnisse und die sozialen Verpflichtungen der beteiligten Familien eine große Rolle. Der finanzielle Aufwand, der bei den Hochzeitsfeierlichkeiten getrieben wird, ist auch bei Familien mit einem bescheideneren Einkommen häufig so groß, dass er die Verhältnisse sprengt. Familien verschulden sich teilweise über Jahre hinaus, um eine besonders prächtige Hochzeitsfeierlichkeit auszurichten. Das Prestige, das eine Familie mit einer solchen Feier gewinnen kann, lässt für die Gastgeber, die zu der Feier einladen, die finanziellen Belastungen als tragbar erscheinen. In traditionell geprägten Familien ist es üblich, dass bei der Feier eine deutliche

Geschlechtertrennung stattfindet, auch wenn es sich um wohlhabende Familien handelt. So konnte ich einmal in einem modernen Hotel in San'a, der Hauptstadt der Republik Yemen, beobachten, dass sich bei einer Hochzeitsfeier alle Frauen, die in westliche Abendroben gekleidet waren, im Hotelgarten versammelten, sich unterhielten und auch miteinander tanzten. Auch die Braut, die ein europäisches Brautkleid trug, war unter ihnen. Die Männer der Hochzeitsgesellschaft hielten sich an einem anderen Ort auf und traten während der ganzen Veranstaltung nicht in Erscheinung. Zum Abschluss der Feier erschien dann der Bräutigam mit einem Fotographen, der das obligatorische Hochzeitsfoto anfertigte. Danach war das Fest ganz plötzlich zu Ende. Ist man als Europäer bei einer Hochzeit dieses konservativen Typs eingeladen, kann man als Frau an den Feierlichkeiten der Männer teilnehmen. Es ist jedoch nicht ausgeschlossen, dass die Anwesenheit einer Frau die Feststimmung der Männer stört. In einem solchen Fall ist es ein Gebot der Höflichkeit, dass die Europäerin an der Gesellschaft der Frauen teilnimmt. Bei stärker westlich geprägten Familien kann man beobachten, dass alle am Fest Beteiligten, unabhängig von der Geschlechtszugehörigkeit, sich in den gleichen Räumen aufhalten. Vielleicht ist dabei eine geschlechtsspezifische Konzentration an bestimmten Stellen der Räume festzustellen. Dabei handelt es sich jedoch nicht unbedingt um kulturbedingte Verhaltensweisen, wie man bei ländlichen Hochzeiten in Norddeutschland leicht feststellen kann.

Im traditionellen muslimischen Kontext ist es heute üblich, dass Gäste bei den Hochzeitsfeierlichkeiten Geldgeschenke überreichen. Dabei wird die Höhe der überreichten Summe registriert. Die beschenkte Familie ist verpflichtet, bei einer späteren ähnlichen Gelegenheit eine gleich hohe Geldsumme zu überreichen. Von europäischen Gästen wird in der Regel lediglich ein symbolisches Geschenk erwartet. Man sollte dieser Erwartung möglichst entsprechen. Falls man sich der einheimischen Geschenkpraxis anschließt, sollte man immer bedenken, dass die Summe sich in einem Rahmen bewegt, der von der beschenkten Familie theoretisch auch erwidert werden kann. Übersteigt die Summe diese Möglichkeiten, bringt man die Beschenkten in Verlegenheit, die um so größer ist, als die Registrierung der übergebenen Summe ja in der Öffentlichkeit erfolgt. Alle Beteiligten wissen dann, dass die Reziprozität durchbrochen ist. Bei modernen Familien sind neben Geld- auch Sachgeschenke üblich. In diesem Fall kann man sich auch durchaus einmal nach eventuellen Wünschen erkundigen. Auch die Gratulation durch Glückwunschkarten ist allgemein üblich.

Lädt man selbst Muslime zu einer europäischen Hochzeit ein, kann es durchaus geschehen, dass sie sich nur ganz kurz einfinden, ein Geschenk überreichen und sich dann wieder zurückziehen. Dieses Verhalten darf nicht als Unhöflichkeit interpretiert werden. Die Tatsache, dass bei europäischen Festen keine Geschlechtertrennung eingehalten wird, führt bei Muslimen, auch wenn sie sich schon längere Zeit in Deutschland aufhalten, zu Unsicherheiten. Einer Einladung nicht Folge zu leisten, würde von ihnen jedoch als große Unhöflichkeit gegenüber dem Gastgeber empfunden. Sie schließen dann eine Art von Kompromiss, indem sie ihre Anwesenheit bei dem Fest so kurz wie möglich halten.

Nach islamischer Vorstellung ist das Ziel jeder Ehe die Perpetuierung der Familie durch Kinder. Die Mehrzahl der Muslime empfindet sehr bewusst, dass sie Glied einer genealogischen Kette sind und für sie die Pflicht besteht, diese Kette fortzusetzen. Daher sind vielen Muslimen Entscheidungen von Ehepaaren, keine Kinder zu haben, unverständlich. Kommt man als europäisches Ehepaar in ein islamisches Land, wird man sicher sehr schnell gefragt, wie viele Kinder man habe. Die Frage kann von einem Taxifahrer oder Fremdenführer gestellt werden und gehört bei der Aufnahme näherer Bekanntschaft mit Einheimischen fast zum Ritual des Kennenlernens. Muss man feststellen, dass man keine Kinder hat, werden vor allem Frauen ihr Bedauern und ihr Mitgefühl mit der Ehefrau ausdrücken. Männer meinen oft, man solle die Hoffnung nicht aufgeben. Es kann aber auch geschehen, dass man aufgefordert wird, sich scheiden zu lassen und eine andere Frau zu heiraten. Erklärungen, dass man aus diesem oder jenem Grund auf Kinder verzichte, werden von den muslimischen Gesprächspartnern nicht als stichhaltig angesehen. Sie vermuten manchmal, dass diese Argumente nur vorgetragen werden, um die Impotenz des Mannes oder die Unfruchtbarkeit der Frau zu verbergen. Eine ledige Person zu fragen, ob sie Kinder hat, gilt als grobe Unhöflichkeit. Solche Fragen müssen bekanntlich in Deutschland häufig im behördlichen und juristischen Kontext gestellt werden. In diesen Situationen empfinden die Befragten großes Unbehagen, das sich unter Umständen in der Meinung verdichtet, dass der Vertreter der staatlichen Institution Vorurteile gegenüber Muslimen hat.

Die Geburt eines Kindes ist für eine muslimische Familie ein freudiges Ereignis. Dabei ist die Freude über einen Jungen oft größer als die über ein Mädchen. Eine Geburt ist eine Gelegenheit, zu der der Besuch von Nachbarinnen und Freundinnen bei Mutter und Kind erwartet wird. In vielen Fällen werden bei dieser Gelegenheit auch Geschenke überreicht. Dabei kann es sich um Schmuckstücke oder wertvolle Amulette für Mutter oder Kind handeln. Beliebt sind die verschiedensten Übel abwehrenden Anhänger. Dieser Praxis liegt die Vorstellung zugrunde, dass Mutter und Kind in dieser Phase besonders der Gefahr des „bösen Blicks" neidischer Personen, aber auch böser Geister ausgesetzt sind. Besucher müssen also darauf achten, dass sie nicht das gesunde Aussehen des Kindes loben. Es könnte als Ausdruck des Neids aufgefasst werden. Sollte das Kind dann tatsächlich krank werden, wäre eine Schuldzuweisung leicht möglich. Kinderkleidung oder andere eher praktische Gegenstände sind als Geschenke zur Geburt unüblich. Es ist nicht ausgeschlossen, dass eine solche Geste als unhöflich angesehen wird. Sie kann als Zweifel an der Fähigkcit der Eltern interpretiert werden, für das neugeborene Kind in der angemessenen Weise zu sorgen.

„Wir kommen von Gott und zu ihm kehren wir zurück" –
Tod und Begräbnis

Tod und Begräbnis gehören zu den Bereichen des menschlichen Lebens, bei denen das religiöse Bewusstsein auch bei den Menschen, die keine starken Bindungen an überlieferte Glaubensvorstellungen haben, häufig stärker in den Vordergrund tritt. Zu den islamischen Ritualen und Vorschriften in dieser existentiellen Phase gehört vor allem, dass die letzten Momente eines Muslims auf der Welt mit seinem Bekenntnis zu Gott und dem Propheten Muhammad erfüllt sind. Die Beerdigung eines Menschen sollte nach islamischer Vorstellung möglichst rasch nach dem Eintritt des Todes stattfinden. Der Tradition folgend, findet die Bestattung möglichst am Todestag statt. Wichtig ist, dass an dem Leichnam noch eine rituelle Waschung vorgenommen wird. Diese Aufgabe übernehmen die nächsten Angehörigen oder professionelle Leichenwäscher. Danach wird der Körper in speziell dafür vorgesehene Leichentücher eingewickelt und auf einer Bahre oder in einem Sarg zum Friedhof gebracht. Dort wird der Leichnam in ein zuvor ausgehobenes Grab gebettet. Geschieht das in der vom islamischen Gesetz vorgeschriebenen Weise, darf der Tote nicht in einem Sarg bestattet werden. Er wird lediglich von den Leichentüchern bedeckt beigesetzt. Der Körper ist so zu legen, dass er mit dem Gesicht nach Mekka gewandt liegt. Dann wird das Grab geschlossen. Am offenen Grab betet die Trauergemeinde die Fatiha, die Eröffnungssure des Korans. Den Hinterbliebenen wird mit den Worten: „Wir kommen von Gott, und zu ihm kehren wir zurück", die Anteilnahme ausgesprochen. Diese Formel darf auch von Nichtmuslimen gegenüber Muslimen verwendet werden. Bei Beerdigungen kann es in der islamischen Welt zu heftigsten Ausbrüchen der Trauer kommen. Auch der Einsatz von „Klageweibern" kann beobachtet werden. Allerdings werden exzessive Trauerkundgebungen von vielen Muslimen als unislamisch angesehen, da die Muslime ja an die Auferstehung der Toten glauben. Sie sind überzeugt, dass der Tote im Grabe ruht und auf den Jüngsten Tag wartet. Für das Seelenheil von Toten wird nicht nur die Eröffnungssure des Korans gebetet. Falls die Hinterbliebenen es sich finanziell leisten können, engagieren sie einen Koranrezitator, der gegen ein entsprechendes Entgelt den gesamten Korantext ein oder gar mehrere Male liest. Diese Rezitation hat hörbar zu erfolgen. In manchen Fällen wird sie auch durch Lautsprecher in die Umgebung des Trauerhauses übertragen. Die Trauerzeit dauert in der Regel vierzig Tage und wird in vielen islamischen Regionen mit einem Totenmahl abgeschlossen, zu dem Verwandte und Nachbarn zusammentreffen.

Sterben Muslime in einem nichtislamischen Land, ergibt sich eine Reihe von Problemen. Da die Bestattung nach islamischer Vorstellung möglichst schnell durchgeführt werden soll, musste das auf europäischen Friedhöfen geschehen. Auf diese Art entstanden die ersten für Muslime eingerichteten Ritualanlagen in Deutschland überhaupt. Als ein osmanischer Diplomat 1798 in Berlin starb, wurde aus Mitteln des Königs von Preußen ein Gelände als islamischer Friedhof ausgewiesen, das noch heute in Tempelhof am Columbiadamm in der einstmals bestimmten Weise genutzt wird. Falls heute die Beisetzungen auf kommunalen Friedhöfen stattfinden, müssen auch Muslime die entsprechenden Verwaltungsvorschriften beachten. So ist es in vielen Gemeinden verboten, einen Leichnam ohne Sorg zu bestatten. Das ist für Muslime ein nicht leicht zu akzeptierender Eingriff in ihre rituellen Praktiken, wie es ihnen ohnehin nicht leichtfällt, die Toten überhaupt in einem nichtislamischen Land beizusetzen. In vielen Fällen ist es in den vergangenen Jahren zu Umbettungen der muslimischen Toten durch ihre Angehörigen in ihre Herkunftsorte gekommen. Die modernen Reise- und Transportmöglichkeiten ermöglichen es, die Körper von in Deutschland verstorbenen Muslimen heute in vielen Fällen schnell mit dem Flugzeug in ihre Heimatländer zu bringen und dort nach islamischem Ritus beizusetzen. Aus dieser Praxis heraus hat sich innerhalb der islamischen Gemeinschaft in Deutschland geradezu ein eigener Wirtschaftszweig im Dienstleistungssektor entwickelt.

Islamische Friedhöfe weisen untereinander zahlreiche Unterschiede auf, je nach der Region und der Zeit, in der sie eingerichtet worden sind. Es finden sich sehr aufwendige Grabbauten, aber auch sehr einfache Gräberfelder, denen man ihren Zweck kaum ansehen kann. Als europäischer Besucher sollte man sich islamischen Friedhöfen vorsichtig und mit großem Respekt nähern. Da sich Muslime durch ein unziemliches Benehmen zu Recht beleidigt und verletzt fühlen, können sie mitunter durchaus handgreiflich reagieren. Will man als Nichtmuslim einen islamischen

Friedhof besuchen, erkundigt man sich am besten vorher bei einem Wächter, ob es möglich ist.

Literaturhinweise

Peter Heine: Ethnologie des Nahen und Mittleren Ostens. Berlin 1989.

Peter und Ina Heine: O ihr Musliminnen. Frauen in islamischen Gesellschaften. Freiburg (Herder/Spektrum) 1993.

Adel Th. Khoury: Der Islam – sein Glaube, seine Lebensordnung, sein Anspruch. Freiburg (Herder/Spektrum) 1988.

„Du sollst grüßen, wen du kennst und wen du nicht kennst"
Grußverhalten

Die zahlreichen Begrüßungsformeln von Muslimen sind von einer Vielzahl kultureller Faktoren abhängig. Priorität hat natürlich in diesem Kontext die Sprache. Zumindest in den Regionen des Nahen und Mittleren Ostens, mit denen wir uns hier vornehmlich beschäftigen und mit deren Bewohnern wir am ehesten in Kontakt kommen, sind es wenigstens drei große Sprachgruppen, mit denen wir es zu tun haben, die arabischen, die iranischen und die Turksprachen. Darüber hinaus gibt es aber auch noch verschiedene Sprachen, die dem Hamitischen zugerechnet werden, wie die unterschiedlichen nordafrikanischen Berbersprachen oder die der slavischen Sprachgruppe zuzurechnende Sprache der Bosniaken und das zu den indogermanischen Sprachen gehörende Albanische. Die drei erstgenannten großen Sprachfamilien zeichnen sich dadurch aus, dass sie in morphologischer und syntaktischer Hinsicht keine Verwandtschaft miteinander aufweisen. Auch die Tatsache, dass Arabisch, Persisch und bis zur Sprachreform der zwanziger Jahre unseres Jahrhunderts auch das Türkische die arabische Schrift gemeinsam hatten, ändert an den großen Unterschieden zwischen diesen Sprachen nichts.

Angesichts der sehr unterschiedlichen sprachlichen Verhältnisse in den einzelnen Staaten des Nahen und Mittleren Ostens ist es nicht verwunderlich, wenn wir bei vielen Menschen in dieser Region die weit entwickelte Fähigkeit feststellen, sich in mehreren Sprachen auszudrücken. Sprachbegabung gehört geradezu zu den Grundbegabungen des Menschen in dieser Region. Ob sie allerdings in der Lage sind, neben den zwei bis drei Sprachen, die sie ohnehin kennen, bei einem längeren Aufenthalt auch noch gut Deutsch zu lernen, hängt von ihrer wirtschaftlichen und sozialen Situation ab. Es liegt aber auch an der Art und Weise, in der Deutsche mit ihnen sprechen. Zu häufig kommt es vor, dass die Kommunikation auf dem Niveau einer Kleinkindersprache vonstatten geht. Wie töricht manche Deutsche sich dabei verhalten, zeigt eine Anekdote, die mir ein iranischer Arzt erzählte, der in der Ambulanz einer Universitätsklinik arbeitete. Diesem Mediziner sieht man seine Herkunft aus dem Mittleren Osten durchaus an. Eines Tages trat er an das Bett eines eben eingelieferten älteren Mannes, um eine erste Diagnose zu stellen. Ohne eine Frage abzuwarten, überfiel der Patient den Arzt mit den Worten: „Du – Doktor, ich hier aua-aua." Das veranlasste den Arzt zu der Frage: „Was ist los, sind Sie Gastarbeiter?"

Der förmliche Umgang der Menschen der islamischen Welt ist durch eine außerordentlich große Höflichkeit gekennzeichnet. Diese hat zu einem strengen, stark formalisierten Gebrauch der verschiedensten Regeln im täglichen Miteinander geführt. Die Höflichkeit im Umgang ist unabhängig von einem eventuellen sozialen Status der Gesprächspartner. Wenn ein wohlhabender Mann sich einem ärmeren gegenüber herablassend verhält, wird das in der islamischen Welt allgemein als Verstoß gegen die Etikette angesehen. Aber es ist nicht nur ein Verstoß gegen die Regeln eines allgemein akzeptierten Verhaltens. Es ist zugleich auch ein Verstoß gegen die von Gott gegebene Ordnung. An vielen Stellen weist der Koran darauf hin, dass vor Gott alle Menschen gleich sind und sich nur durch ihre Frömmigkeit und ihre Ergebung in den Willen Gottes voneinander unterscheiden. Dass ein Mensch reich ist und ein anderer arm, liegt nach islamischer Auffassung ohnehin am Willen Gottes und ist nicht allein durch seine eigenen unzulänglichen Bemühungen verursacht. Die Höflichkeit im Umgang macht sich schon im Zusammenhang mit der Anrede einer unbekannten Person bemerkbar. Man benutzt gegenüber einem Taxifahrer Formulierungen wie „Chef" oder „Meister". Handelt es sich um ältere Männer, können sie als „Vater" oder „Onkel" angeredet werden. Ältere Frauen spricht man mit „Tante" bzw. „Großmutter" an oder gibt ihnen den ehrenvollen Namen „Pilgerin", auch wenn sie die Reise an die heiligen Stätten des Islams nicht unternommen haben. Die entsprechenden Ansprachen wechseln natürlich von Region zu Region. Sie können fälschlicherweise oft einen recht intimen Eindruck machen. „Mein Herz", „mein Auge" oder „mein Liebling" sind nichts anderes als Höflichkeitsfloskeln gegenüber jemandem, dessen Namen man nicht kennt. Sie drücken jedoch eine gewisse Bereitschaft zu einem freundlichen Aufeinanderzugehen aus. Führt jemand, mit dem man in Kontakt kommt, einen akademischen, militärischen oder politischen Titel, ist es selbstverständlich, dass man ihn entsprechend anredet. Die Verwendung der Titel ist auch dann üblich, wenn man sich näher kennt. Es geschieht also, dass man jemanden mit seinem Doktortitel und seinem Vornamen anredet und ihn „Dr. Mustafa" nennt. Natürlich gibt es auch verächtliche Formulierungen und grobe Beleidigungen, die häufig genauso bildreich sind wie die positiven Begrüßungen. Sie sollten jedoch vor allem gegenüber Fremden auf keinen Fall verwendet werden.

Die in Deutschland nicht zuletzt durch Karl May bekannteste Art, in der sich Muslime begrüßen, ist die arabische Formel: „as-Salam 'alaykum". Das bedeutet: Friede sei mit euch. Die übliche Antwort ist: „'Alaykum as-Salam" (Mit euch sei Friede). Es ist eine Formel, die nach der Vorstellung mancher Muslime ausschließlich zwischen Muslimen verwendet werden sollte. Es handelt sich dabei unter anderem um einen unverzichtbaren Teil des islamischen Gebetsrituals, hat also deutliche religiöse Konnotationen. Bei offiziellen Begrüßungen, aber auch zum Beginn von Radio- oder Fernsehsendungen findet sie ebenfalls Verwendung. Nicht selten wird sie bei offiziellen Anlässen noch durch Formulierungen erweitert, die den Segen Gottes auf die Zuhörer herabflehen. Dabei kann auf die Verwendung dieses Satzes ausschließlich gegenüber Muslimen natürlich weniger geachtet werden. Durch den Austausch der beiden Sätze „as-Salam 'alaykum" und „'Alaykum as-Salam" zwischen zwei Personen entsteht eine Art von gegenseitigem Schutz- und Beistands- oder Friedensvertrag. Der Vorgang hat folgenden geschichtlichen Hintergrund. In der vorislamischen arabischen Gesellschaft konnten Menschen, die sich zufällig begegneten, nicht sicher sein, ob sich nicht die jeweiligen Familien miteinander in einer Fehde befanden. In einem solchen Fall hätten sie sogleich miteinander in eine handgreifliche Auseinandersetzung treten müssen. Die einzige Sicherheit für einen einzelnen in dieser Zeit war der Zusammenhalt der eigenen Großfamilie oder des Stammes. Dieser genealogisch bedingte Verbund musste verteidigt werden. Nachdem der Islam „die Bande des Blutes durch die der Religion" ersetzt hatte, waren Fehden innerhalb der Gemeinschaft der Muslime theoretisch nicht mehr möglich. Da sich aber in der islamischen Frühzeit nicht nur Muslime untereinander, sondern auch Muslime mit Nichtmuslimen trafen, galt das „as-Salam 'alaykum" gewissermaßen als Erkennungszeichen für die gemeinsame Religionszugehörigkeit. Eine Vielzahl von Prophetenaussprüchen macht die religiöse Bedeutung dieser Grußformel deutlich. So wird von Muhammad der Satz überliefert: „Gott rechnet jedem, der mit as-Salam 'alaykum grüßt, zehn gute Taten an." Diese religiöse Funktion hat diese Grußformel durch die islamische Geschichte hindurch bis auf den heutigen Tag behalten. Wie wichtig sie stets genommen wurde, zeigt die Tatsache, dass ein Muslim, der einem Fremden begegnete, von dem er nicht wusste, ob es sich um einen Glaubensgenossen handelte, auf dessen „as-Salam 'alaykum" mit dem Satz „as-Salam 'ala l-Mu'min" (Friede mit dem Gläubigen) antwortete. Dadurch schloss er einen irrtümlich zustande gekommenen Friedenszustand mit einem Ungläubigen von vornherein aus. Das konnte vor allem in Gesellschaften mit beträchtlichen christlichen oder jüdischen Minderheiten eine gewisse Rolle spielen. Die Formel hat diese Bedeutung auch heute behalten. Radikale Muslime weigern sich beispielsweise, sie gegenüber Muslimen zu verwenden, von denen sie meinen, dass sie sich vom Islam entfernt hätten. So erfuhr ich von einem ägyptischen Germanistikstudenten an einer westdeutschen Universität, den man eher als liberalen Muslim bezeichnen kann, dass er die Einstellung von anderen muslimischen Kommilitonen dadurch prüfte, dass er sie mit diesem islamischen Gruß ansprach. Falls sie darauf ausweichend oder gar nicht antworteten, konnte er davon ausgehen, dass es sich bei den Angesprochenen um Anhänger islamisch-fundamentalistischer Vorstellungen handelte. Es ist für einen Nichtmuslim also eine Ungehörigkeit, wenn er einen Muslim mit dem Satz „as-Salam 'alaykum" begrüßt, da er ihn in eine schwierige Situation bringt. Er kann einem Nichtmuslim nicht die entsprechende Antwort geben. Ein Ausweichen des muslimischen Gesprächspartners auf eine andere Formel wäre nach eigenem Selbstverständnis dagegen eine Unhöflichkeit.

In der Regel begrüßen sich Menschen im Nahen und Mittleren Osten, indem sie sich die jeweilige Tageszeit wünschen. Dass sich hier erhebliche sprachliche Unterschiede je nach den verwendeten Sprachen ergeben, ist selbstverständlich. Gerade bei den Begrüßungsformeln lassen sich aber auch regionale Unterschiede innerhalb der großen Sprachgruppen feststellen. So begleitete ich einmal eine Gruppe tunesischer Sportler bei deren Deutschlandbesuch. Als ich mich mit der im Irak gebräuchlichen Standardformel „Schlonak" (Wie geht's?, eigentlich: Wie ist deine Farbe?) an sie wandte, sah ich in viele verständnislose Gesichter. Nach einigem Zögern kam dann die Antwort: „Weiß". Man hatte meine Frage wörtlich genommen und die Frage nach der Gesichtsfarbe, die ja auch Auskunft über den Gesundheitszustand geben kann, nicht verstanden. Wenn sich Freunde oder Bekannte nach längerer Zeit zum erstenmal wieder begegnen, tauschen sie Umarmungen und Küsse aus. Dieses Ritual praktizieren Frauen wie Männer. Bei Männern kann man in einigen Regionen des Nahen und Mittleren Ostens feststellen, dass sie bei der Begrüßung ihre Hand auf ihr Glied legen. Sie deuten damit an, dass die gute Beziehung zu dem Begrüßten auch für die Nachkommenschaft Geltung haben soll. Auch die Hände werden ineinander gelegt. Allerdings wird nicht fest zugegriffen und ein kräftiges Schütteln durchgeführt. Viele Orientalen empfinden diese westliche Praxis als unangenehm und peinlich. Im Anschluss an die Berührung der Hände führt jeder die Hand kurz an die Brust, in besonderen Fällen auch an die Lippen und an die Stirn. Auch Handküsse sind üblich. Manchem Europäer mag es befremdlich erscheinen, wenn ihm von einem Orientalen die Hand geküsst wird oder er derartiges in der Öffentlichkeit beobachtet. Auf diese Weise wird ein Abhängigkeitsverhältnis ausgedrückt. Der Handkuss kann auch eine wichtige politische Geste darstellen. Personen, die sich in einem Klientelverhältnis gegenüber einem mächtigen und einflussreichen Mann befinden oder um seinen Schutz nachsuchen, küssen dessen Hand. Wenn die Beziehungen unklar sind und jemand versucht, die Hand eines anderen zu küssen, wird dieser das zu verhindern suchen und unter Umständen seinerseits die Hand des anderen küssen oder doch wenigstens so tun, als ob er das wolle. Es kann dann zu einem wilden „Gewurschtel" zwischen den beiden Beteiligten kommen, das von den umstehenden Beobachtern mit Interesse zur Kenntnis genommen wird. Durch die entsprechenden Begrüßungsgesten werden die sozialen und politischen Positionen der sich Begrüßenden für die Öffentlichkeit deutlich. Im Übrigen ist der Austausch von Grußformeln in der Regel unabhängig von der jeweiligen sozialen Stellung der Grüßenden. Falls sich reiche oder politisch überlegene Personen nicht an den traditionellen Begrüßungskanon halten, wird das als ausgesprochen unhöflich empfunden. In der Öffentlichkeit grüßen sich Frauen und Männer, die nicht miteinander verwandt sind, nur sehr zurückhaltend oder vermeiden möglichst jede Begrüßung. Frauen vermeiden es auch, nicht mit ihnen verwandte Männer zu berühren, auch wenn es sich nur um einen Händedruck handelt. Stattdessen legen sie die Hand kurz auf die Brust. Dies Verhalten wird von einigen der islamischen Rechtsschulen für beide Geschlechter sogar vorgeschrieben.

Orientalen verwenden bei der gegenseitigen Begrüßung häufig sehr viel umfangreichere Formeln als ein einfaches „Guten Morgen" oder „Gute Nacht". Die Grüßenden versuchen dabei, sich, wenn möglich, mit Segenswünschen gegenseitig zu übertreffen. Wünscht der eine einen „Guten Morgen", antwortet der andere mit einem „Morgen des Lichts", was den ersten wieder zu dem Wunsch für seinen Gegenüber nach einem „Morgen von Rosen" veranlasst, worauf dieser dem anderen einen Morgen der verschiedensten Jasminarten entbietet. Vergleichbare Wünsche werden auch zu den anderen Tageszeiten geäußert. Bei vielen dieser Formulierungen handelt es sich um Stereotype. Doch finden sich auch kreative Grüßer, die sich mit immer neuen Formulierungen zu überbieten trachten. Solche Erfindungen werden von allen, die sie hören, mit Wohlwollen und Beifall zur Kenntnis genommen und machen schnell die Runde. Damit ist das übliche Begrüßungsritual aber noch lange nicht abgeschlossen. Es folgt nämlich noch die Frage nach dem jeweiligen Wohlbefinden. Ebenso wie bei unserer stereotypen Begrüßungsfrage „Wie geht's?" wird auch im Orient keine ausführliche Beschreibung der genauen körperlichen und geistigen Befindlichkeit erwartet. Frage und Antwort werden häufig mehrfach wiederholt. Die erwartete Antwort ist „gut". Beide Seiten kommentieren diese positive Feststellung mit einem „Gott sei Dank". Da Muslime davon ausgehen, dass alles Wohlbefinden und alle guten Dinge im Leben von Gott stammen, ist diese Formulierung sehr ernst gemeint und nicht nur als Floskel zu verstehen. Auch das „Gott sei Dank" kann mehrfach wiederholt werden. Die Frage nach dem Wohlbefinden kann im Übrigen mehrfach im Verlauf des Zusammenseins von einer oder mehreren Personen gestellt werden. So erinnere ich mich an einen jordanischen Studenten der Veterinärmedizin, mit dem ich in einem Baghdader Studentenwohnheim ein Zimmer teilte. Wenn ich nach seiner Meinung zu lange schweigend über meinen Büchern gehockt hatte, kam unweigerlich die Frage: „Wie geht es dir jetzt?" Selbstverständlich musste die Antwort lauten: „Gut". Einem Bekannten, der auf einer Behörde längere Zeit auf die Erledigung eines Antrags gewartet hatte, ging das „Wie geht's" des zuständigen Verwaltungsangestellten so sehr auf die Nerven, dass er einmal verärgert: „Schlecht" antwortete. Es versteht sich, dass er auf seinen Bescheid noch sehr viel länger warten musste. Wenn die Antwort anders als positiv ausfällt, handelt es sich um sehr gute Bekannte oder um eine Situation, von der man beim besten Willen nicht mehr sagen kann, dass sie gut sei. So antworteten Einwohner von Baghdad noch ein halbes Jahr nach den alliierten Luftangriffen von 1991 auf die Stadt auf die Frage: „Wie geht es in Baghdad?" mit dem Satz „Es geht nicht gut". Doch auch bei guten Bekannten und innerhalb der Familie ist die übliche erste Antwort auf die Frage nach dem Befinden positiv. Da dies ohnehin erwartet wird, muss weiter nachgefragt werden, ob das tatsächlich der Fall ist. Schlechte Nachrichten sollten dem Gegenüber möglichst schonend beigebracht werden. Dass man dabei auch des Guten zuviel tun kann, zeigt eine Geschichte aus Ägypten. Dort kehrte ein junger Mann nach dem erfolgreichen Abschluss seines Studiums in Europa nach Hause zurück. Erst als er seine Mutter freudig begrüßen wollte, teilten ihm seine Geschwister mit, dass sie schon mehrere Monate tot sei. Man habe ihn durch die Nachricht nicht traurig machen wollen. Auch bei schlechten Nachrichten sind formelhafte Reaktionen üblich. Man spendet Trost, indem man auf den Willen Gottes hinweist, der für den Menschen nicht immer leicht zu verstehen sei. Wenn man von einem großen Unglück, z. B. einem Erdbeben, hört, wünscht man sich: „Gott bewahre uns vor einem solchen Schicksal". Wenn einem der Tod eines Menschen mitgeteilt wird, sagt man: „Gott gehören wir, und zu ihm kehren wir zurück." Neben dem Befinden des Gegenübers wird auch die Frage nach der Familie erwartet. Wenn es sich um näher miteinander bekannte Personen handelt, gehört es sich, sich nach den einzelnen Familienmitgliedern mit Namen zu erkundigen. Auch hier werden nur allgemeine und positive Antworten erwartet. Treffen Männer aufeinander, werden sie es allerdings vermeiden, die Namen der Frauen der Familie des Gegenübers zu erwähnen. Sie fragen stattdessen nach den „Beschützten" oder ganz allgemein nach dem „Haus". Auch die Frage nach dem Verlauf von Geschäften oder anderen ökonomischen oder politischen Aktivitäten darf nicht fehlen. All diese Fragen müssen ebenfalls positiv beantwortet werden und können auch mehrfach wiederholt werden. Dritter Teil dieses umfänglichen Begrüßungsrituals ist der Austausch von weiteren Wünschen. Sie beziehen sich auf die Gesundheit und Schaffenskraft des Gegenübers: „Mögest du gesund bleiben und nicht müde werden". Auch sie können auf die jeweiligen Familien ausgedehnt werden. Leider hat sich in vielen Fällen dieses ausgedehnte Ritual auf kürzere, unzeremonielle Begrüßungsformeln bis hin zu einem knappen „Hallo" reduziert. Vor allem bei offiziellen Gelegenheiten, wenn man jemanden zum erstenmal kennen lernt oder wenn man jemanden lange nicht gesehen hat, werden allerdings weiterhin die traditionellen Regeln der Begrüßung praktiziert.

Neben der jeweiligen Tageszeit bestimmen auch noch weitere Umstände den Ablauf einer Begrüßung. Verschiedene Feiertage wie das Fest des Fastenbrechens oder das Opferfest bieten Anlass, sich gegenseitig ein glückliches Fest zu wünschen. In gleicher Weise wünscht man sich auch einen angenehmen Feiertag, wenn es sich um ein säkulares Fest wie einen Nationalfeiertag handelt. Während des Fastenmonats Ramadan gehört zum Begrüßungsritual, dass man sich erkundigt, ob der andere seiner Pflicht zum Fasten auch nachkommt. Ist das der Fall, folgt von beiden Gesprächsteilnehmern ein obligatorisches „al-Hamdu li-llah" (Gott sei Dank).

Komplizierter wird die Situation natürlich, wenn sich mehrere Personen bei einer Gesellschaft oder einer geschäftlichen Zusammenkunft gleichzeitig begrüßen. Dann wird in der Regel ein gewisser gesellschaftlicher Rang bei der Begrüßung eingehalten. Kommt jemand zu einer derartigen Zusammenkunft zu spät, so dass er nicht mehr die Möglichkeit hat, jeden einzelnen Teilnehmer persönlich zu begrüßen, weil die Verhandlungen schon begonnen haben, bemüht er sich, dem gesellschaftlichen Rang nach, mit jedem der Anwesenden in Blickkontakt zu treten und ihn dann in einen stummen Begrüßungsdialog zu ziehen. Erst wenn er gegenüber allen seiner Grußpflicht nachgekommen ist, kann er sich an dem allgemeinen Gespräch beteiligen.

Wie bei uns auch, ähneln die Verabschiedungszeremonien in einigen Teilen dem Begrüßungsritual. Verabschiedungen dürfen auch bei größter Eile nicht formlos und „Hals über Kopf" erfolgen. Dem Zurückbleibenden muss die Möglichkeit gegeben werden, den anderen zurückzuhalten, zumindest aber sein Bedauern über die Trennung auszudrücken. Der Ausdruck des Bedauerns wird von dem sich Verabschiedenden erwartet. Man wünscht einander einen guten Weg, drückt die Hoffnung auf ein baldiges Wiedersehen aus und trägt Grüße und gute Wünsche für Verwandte oder Freunde auf. Auch die bei Begrüßungen üblichen Gesten werden verwendet. Küsse und verabschiedende Umarmungen sind ebenfalls nicht ungewöhnlich. Dabei werden selbstverständlich die Regeln der Geschlechtertrennung beachtet. Verabredungen zu zukünftigen Begegnungen werden getroffen. Dabei darf nicht vergessen werden, dass diese nur zustande kommen können, wenn es Gottes Wille ist. So muss bei allen Vorgängen, die für die Zukunft geplant werden, der Satz: „Wenn Gott will" (In scha' Allah) hinzugefügt werden. Als ein Angehöriger des deutschen Konsulats in Istanbul zwischen den beiden Weltkriegen ein Telegramm am Hauptpostamt der Stadt am Bosporus aufgab, in dem er der Botschaft in Ankara mitteilte, dass er am übernächsten Tag zum Rapport erscheinen werde, stellte er zu seiner Überraschung fest, dass ihm der sonst korrekte Postangestellte drei Wörter mehr berechnet hatte. Auf seine entsprechende Beschwerde sagte ihm der Mann: „Sie haben „In scha' Allah" vergessen." Bei längeren Trennungen durch Auslandsreisen, die Pilgerfahrt oder Ähnliches gibt es bei der Verabschiedung stets einen „großen Bahnhof". Verwandte und Nachbarn, Freunde und Bekannte begleiten den Reisenden zum Bahnhof oder Flugplatz. Eilige letzte Geschenke werden überreicht, man bespricht noch dringende Abmachungen und nimmt nicht ohne Zeichen der Rührung Abschied. Besonders eindrucksvoll sind die Verabschiedungen zur Pilgerfahrt nach Mekka, wenn die Pilger schon in ihre weißen Gewänder gehüllt sind und die Begleitpersonen stolz und aufgeregt für die Erledigung der technischen Begleitumstände, die Versorgung mit Reiseproviant und Ähnliches sorgen. Bei der Rückkehr von den heiligen Stätten des Islams kommt es dann zu ebenso aufwändigen Begrüßungen. Die dänische Ethnologin Eva Evers Rosander beobachtete eine marokkanische Familie, die die Großmutter nach der Pilgerfahrt vom Flughafen abholte. Sie berichtet Folgendes: „Niemand kann sagen, wann die Pilger zu dem marokkanischen Flughafen zurückkommen werden. Normalerweise muss man zwei bis drei Tage in Djidda (Saudi-Arabien) auf den Abflug des Flugzeugs warten. Es waren sogar noch mehr Frauen, die Habiba (die Pilgerin) abholten, als die, die sie weggebracht hatten. Rechtzeitig waren zwei Autos nach Rabat gefahren, und zwei Tage später kam dann tatsächlich das Flugzeug mit den Pilgern aus Soza (dem Herkunftsort von Habiba) an. Das Empfangskomitee bestand aus Habibas vier Töchtern, einer Nichte, einer Enkelin, einem Enkel und einem Schwiegersohn. Die Frauen waren offensichtlich nervös und fragten sich, ob ihre Mutter in Mekka vielleicht krank geworden oder vergessen worden sei. Kaum begannen die Passagiere das Flugzeug zu verlassen, begannen die Frauen zu rufen:

„Unsere Hadjdja Habiba aus Soza", damit sie sie sehen und sofort zu ihnen kommen könne. Die Freude und der Stolz, mit dem HaH der Titel zum erstenmal öffentlich gerufen wurde, war nur zu augenfällig. Die früheren Verwandtschaftsbezeichnungen „Mutter" oder „Großmutter" wurden nur zu gerne für den neuen ehrenhaften Titel eingetauscht. Habiba konnte in der Menge nicht entdeckt werden. Die Frauen, wie viele andere in der wartenden Menge, wurden gereizt und riefen und weinten ununterbrochen. Der Lärm und das Durcheinander waren wirklich eindrucksvoll, als die Zuschauer versuchten, einen Blick auf die ankommenden Pilger in ihren weißen Gewändern zu erhaschen. Plötzlich fiel Meriam, die die Spannung nicht länger ertragen konnte, ohnmächtig zu Boden. Das Durcheinander war groß, als Meriam auf dem Boden lag in einer Menge von eilenden, drängenden und schreienden Menschen. Schließlich erschien Hadjdja Habiba, umgeben von ihrer Gruppe aus Soza. Sie ging langsam, blass und schwach in ihrem weißen Gewand. Sie wirkte müde und gedankenverloren, so als ob sie noch nicht verstünde, dass sie wieder da und in ihrer Familie war. Meriam, die wieder zu sich gekommen war, erhob sich mit Hilfe ihrer Schwestern wieder. Die Brüder hatten ihre Mutter schon umarmt und brachten sie nun zu ihrer Familie. Ein Blumentopf mit roten und rosa Nelken wurde ihr überreicht. Jeder hieß sie mit Gesten großen Respekts willkommen. Die Frauen küssten sie auf die Stirn, die Männer die ausgestreckte Hand. Alles sprachen sie mit Hadjdja Habiba ab; sie lächtelte und danke mit leiser Stimme" (Evers Rosander). Es versteht sich von selbst, dass die ganze Umgebung Habiba in Zukunft bei jeder Begegnung als Hadjdja begrüßen wird.

Alles in allem kann festgestellt werden, dass durch die Begrüßungs- und Verabschiedungsriten in der islamischen Welt die Beziehungen zwischen Personen begründet oder erneuert und bekräftigt werden sollen. Daher ist es nicht verwunderlich, dass auf die Einhaltung der damit verbundenen Regeln größter Wert gelegt wird. Man „fällt grundsätzlich nicht mit der Tür ins Haus", äußert einen Wunsch erst nach einer gewissen Vorbereitung, in der man sich vorsichtig darüber informiert hat, ob der Gegenüber zu seiner Erfüllung überhaupt in der Lage ist. Die sehr viel direktere

Art des Umgangs in den modernen westlichen Gesellschaften wird von vielen Muslimen als unangenehm und unhöflich empfunden. Die sogenannte „Berliner Schnauze", deren Ruppigkeit als ein besonderes Charakteristikum des Berliner Humors sich in Deutschland weiter Beliebtheit erfreut, würde von orientalischen Beobachtern mit Unverständnis betrachtet werden. Muslime, die in Deutschland mit einer derartigen, rauh, aber herzlich gemeinten Begrüßung konfrontiert werden, fühlen sich schlecht behandelt und erhalten einen entsprechenden Eindruck von der deutschen Gesellschaft. Die häufig sehr formalistisch erscheinenden Begrüßungen und Verabschiedungen haben einige objektive Vorteile. Zu ihnen gehört die Tatsache, dass die Beteiligten Zeit haben, sich aufeinander einzustellen und eine erste Einschätzung von der Persönlichkeit des anderen, von seiner Erziehung oder von seinem gegenwärtigen aktuellen emotionalen Zustand vornehmen zu können. Aus der Art und Weise, in der die Begrüßung vonstatten geht, kann schon auf die Thematik und den Verlauf eines Gesprächs geschlossen werden. Die Formelhaftigkeit sorgt auch dafür, dass Wut oder Ärger nicht zu Beginn eines Gespräches unvorbereitet und daher verletzender als beabsichtigt zum Ausdruck gebracht werden. In gleicher Weise bieten die Verabschiedungsrituale die Möglichkeit, eventuell während des Gesprächs aufgetretene Spannungen zu mildern und auch in schwierigen Situationen die Kontakt zwischen den Partnern nicht abreißen zu lassen. Oberster Grundsatz des Sozialverhaltens in den islamischen Gesellschaften ist stets die Vermeidung von ernsthaften Konflikten. Zwar gehört zum gesellschaftlichen Kontext auch ein gewisses Maß an Konfliktbereitschaft, um seine Ziele durchzusetzen. Doch wird immer versucht, ein ernsthaftes und das Zusammenleben äußerst gefährdendes Zerwürfnis zu vermeiden und es nicht zu einem tatsächlichen Konflikt kommen zu lassen. Der durch solche Formalien entstehende Zeitverlust wird angesichts der offensichtlichen Vorteile für den Umgang miteinander gerne in Kauf genommen.

Literaturhinweise

Eva Evers Rosander: Women in a Borderland. Managing Muslim Identity where Morocco meets Spain. Stockholm 1991.

Peter Heine: Ethnologie des Nahen und Mittleren Ostens. Berlin 1989.

Moshe Piamenta: Islam in Everyday Arabic Speech. Leiden 1979.

„Am Jüngsten Tag wirst du bei deinem Namen gerufen"
Islamische Namen

„Nomen est omen" (Der Name hat eine Bedeutung), sagten die alten Römer. Schon in frühester Zeit schrieb man Namen die Übertragungsfähigkeit von Charakteristika wie Mut, Kraft, Tapferkeit, Frömmigkeit oder Klugheit zu. Auf diese Weise sollte der Benannte die in der Benennung ausgedrückten Eigenschaften erhalten. Erst durch die Fixierung, durch den Namen, wurden nach den altbabylonischen Schöpfungsmythen die Dinge existent. Diese Vorstellungen haben schon in der frühislamischen Welt ebenfalls eine Rolle gespielt. Verschiedene Aussprüche des Propheten Muhammad liefern dafür eindeutige Hinweise. Einer lautet: „Am Tag des Jüngsten Gerichts werdet ihr bei euren Namen gerufen werden und bei denen eurer Väter. Wählt daher schöne Namen aus." In einer anderen Tradition heißt es: „Drei Verpflichtungen hat ein Vater gegenüber seinem Sohn, ihm einen Namen zu geben, ihn schreiben zu lehren und ihn zu verheiraten, wenn er das heiratsfähige Alter erreicht hat."

Die Art und Weise, in der Orientalen Namen für ihre Kinder auswählen, gestaltet sich sehr unterschiedlich, je nach den Prägungen der jeweiligen Kultur und auch nach vorhandenen Moden, die sich von Zeit zu Zeit ändern. Noch bis in die fünfziger Jahre unseres Jahrhunderts bestand der Name eines Muslims oder einer Muslimin aus drei Teilen, dem Vornamen, dem Namen des Vaters und einem weiteren Namen, der sich ursprünglich auf eine besondere Eigenschaft, die regionale Herkunft oder auf einen Beruf beziehen konnte. Der häufigste männliche Vorname, den man in der islamischen Welt antreffen kann, ist der des Propheten Muhammad (türkisch: Mehmet). In nahezu jeder muslimischen Familie kann man einen kleinen oder großen Muhammad antreffen. Die besondere Beliebtheit dieses Namens hängt mit der großen Bedeutung des islamischen Propheten zusammen, die er auch im Alltag der Muslime einnimmt. Der Prophet Muhammad gilt als der sündenlose Mensch und ist das absolute Vorbild für die Lebensgestaltung seiner Anhänger. Sein Name wird bei den verschiedensten Gelegenheiten angerufen, man schwört beim Namen des Propheten, sein Segen wird einem neugeborenen Kind mit seinem Namen gewünscht, und man bringt bei den verschiedensten Gelegenheiten zum Ausdruck, dass Gott jemanden durch die Vermittlung Muhammads schützen möge. Der Name selbst kann einen Menschen ebenfalls schützen. Daher bedeutet die Benennung eines Kindes mit dem Namen des Propheten neben einem Bekenntnis zum Islam auch den Schutz des Kindes vor allen möglichen Gefahren. Doch auch die großen Gestalten der islamischen Frühzeit wie Abu Bakr, Omar oder Ali werden gerne als Namen für Jungen ausgewählt. Für Mädchen werden gerne Namen von weiblichen Personen aus der Verwandtschaft oder der Umgebung des Propheten ausgesucht. Besonders beliebt sind dabei Namen wie Fatima, die Tochter des Propheten, Khadidja, seine erste Frau, oder A'ischa, seine Lieblingsfrau. Nicht weniger selten sind Vornamen, die mit dem Namen Gottes kombiniert werden. Am bekanntesten ist dabei vielleicht der Jungenname „Abdallah", was nichts anderes bedeutet als „Diener Gottes". Der Koran und die Tradition kennen allerdings 99 verschiedene Namen Gottes, von denen die meisten mit dem Namensteil Abd (Diener) zusammengesetzt werden können. Sie erfreuen sich alle einer großen Beliebtheit, und zwar in der gesamten islamischen Welt. In den östlich der arabischen Welt gelegenen Ländern findet sich häufig auch der Name „Ata Allah" (Gott hat gegeben). Eine ähnliche Praxis der Namengebung lässt sich auch bei orientalischen Christen nachweisen, bei denen der Name „Abd al-Masih" (Diener Christi) für Jungen gerne gebraucht wird. Nach allgemeinem Brauch suchen die christlichen Eltern für ihre Kinder Namen aus dem Kanon der zahlreichen orientalischen christlichen Heiligen oder Personen aus der christlichen Tradition.

Der heutige Islam kennt zwei große Konfessionen, die der Mehrheitsgruppe der Sunna und die Schia. Die Konflikte und

Spannungen, die sich zwischen den beiden Gruppierungen feststellen lassen, finden auch in einer unterschiedlichen Namengebung ihren Ausdruck. Schiiten verehren vor allem die Personen aus der Familie des Propheten, seinen Neffen und Schwiegersohn Ali, seine Tochter Fatima, seine beiden Enkel Hasan und Husain, daneben aber auch eine Reihe von Gestalten aus der besonderen schiitischen Religionsgeschichte. Nach diesen Personen nennen schiitische Eltern gerne ihre Kinder. Auch Kompositionen wie Abd al-Husain (Diener des Husain) und ähnliche vergleichbare sind durchaus üblich. Historische Persönlichkeiten, denen die Schiiten vorwerfen, sie hätten der Familie des Propheten Muhammad geschadet, werden bei Namengebungen gemieden. Die schiitische Tradition berichtet beispielsweise, dass der zweite Khalif, Omar, sich den Nachkommen des Propheten gegenüber besonders rücksichtslos verhalten habe und den ihnen zustehenden Respekt vermissen ließ. Daher ist der Name „Omar" unter Schiiten ein Schimpfwort. Eine Mutter, die ihren ungehorsamen Sohn zurechtweisen oder schelten will, sagte zu ihm: „Du bist Omar." Sunniten sehen dagegen in Omar eine der wichtigsten Persönlichkeiten der islamischen Geschichte, weil unter seiner Herrschaft die Expansion des Islams besonders erfolgreich vonstatten ging und er im administrativen, aber auch im rechtlichen und religiösen Bereich einige wichtige Grundlagen für den islamischen Staat geschaffen hat. Es ist also nicht verwunderlich, wenn sunnitische Eltern einen Sohn „Omar" nennen. Auch die Lieblingsfrau des Propheten Muhammad, A'ischa, bot für schiitische Kritik Anlass, weil sie den Anspruch der Nachkommen des Propheten auf die Führung der muslimischen Gemeinde hintertrieb. Man vermeidet es unter Schiiten daher, einem Kind den Namen dieser Frau zu geben. Sunniten haben dagegen keine Ressentiments gegenüber der Lieblingsfrau des Propheten und nennen ein Mädchen nicht selten nach dieser Gestalt des Frühislams. Mann kann in derartigen Fällen die konfessionelle Zugehörigkeit einer Person leicht aus ihrem Namen schließen, ohne entsprechende Fragen stellen zu müssen.

Gerade bei der Wahl von Vornamen, die eine religiöse Konnotation haben, kannte und kennt die islamische Welt sogar Moden. Es ist durchaus möglich, dass bis zu einem gewissen Grad von einem Namen auf die Lebenszeit einer historischen Person geschlossen werden kann. In gleicher Weise lassen sich auch regionale oder nationale Vorlieben feststellen. In der Zeit der Herrschaft der Ayyubiden, einer sunnitischen Dynastie, die vor allem in Syrien und Palästina in der Zeit der Kreuzzüge herrschte, finden sich zahlreiche Namen, die mit dem arabischen Wort „Din" (Religion) zusammengesetzt sind. Die bekannteste Namensform dieser Art ist die des berühmten Salah al-Din, der unter dem Namen Saladin als untadeliger Held auch in die westliche Geschichte der Kreuzzüge eingegangen ist und Vorbild auch für das europäische Rittertum wurde. Wörtlich übersetzt bedeutet der Name „Waffe der Religion". In gleicher Wiese finden sich „Stütze der Religion" oder „Stärke der Religion". Solche Namen sind auch heute noch üblich. Da das Kompositum als etwas umständlich angesehen wird, bleibt häufig nur der erste Teil stehen, also „Salah" für „Salah al-Din" oder „Taqi" für „Taqi al-Din". Alle, die einen derartigen Namen gebrauchen, wissen aber um den Zusammenhang. Zugleich weist der Name darauf hin, dass der Träger ein sunnitischer Muslim ist. In Nordafrika ist diese Namengebung sehr selten. Trifft man dennoch auf jemanden mit diesem Namen, kann man darauf schließen, dass die Familie dieser Person aus dem Osten der arabischen Welt oder aus dem Gebiet der Türkei stammt.

Je nach der Herkunftsnation oder -region können sich die Vornamen auf Gestalten beziehen, die in der Religionsgeschichte des entsprechenden Landes eine bedeutende Rolle gespielt haben. So kann man davon ausgehen, dass eine Person mit dem Namen Eyüp aus der Türkei stammt. Ein Mann dieses Namens wäre nach Ayyub, dem Fahnenträger des Propheten Muhammad, benannt, der der Legende nach bei einem Versuch der Eroberung Konstantinopels durch die Muslime der frühislamischen Zeit gefallen sein soll. Sein Grab sei, so weiß die Legende weiter, dann nach der muslimischen Eroberung der Stadt viele Jahrhunderte später gefunden worden. Eyüp erfreut sich in der Türkei großer Verehrung, so dass die Wahl eines solchen Namens für einen türkischen Jungen nicht erstaunlich ist. Bei einem Mann mit dem

Vornamen Ben Badis kann man davon ausgehen, dass er aus Algerien, zumindest aber aus Nordafrika stammt. Gleiches gilt für den Namen Abdelkadir. Bei diesen Namen ist ohne nähere Informationen nicht leicht zu entscheiden, auf welche historische Gestalt sich der jeweilige Name bezieht. Es kann sich in beiden Fällen um politische Persönlichkeiten aus dem Algerien des 19. und frühen 20. Jahrhunderts handeln, aber auch um bedeutende Gestalten der mystischen Bewegung im Islam Nordafrikas.

Neben diesen mit religiösen Gestalten verbundenen Namen kann bei der Auswahl eines Vornamens auch auf die besonderen Umstände bei der Geburt eines Kindes Bezug genommen werden. Da entsprechende staatliche Vorschriften fehlen, werden aufgrund besonderer Ereignisse immer wieder ungewöhnliche Vornamen erfunden. Eltern, die sich keine besonderen Gedanken über die Namen machen wollen, geben den Kindern Namen wie „der Erste", „der Zweite" usw. In einer eher negativen Haltung finden sich solche Namengebungen bei Mädchen nicht selten. Das hängt mit der gesellschaftlichen Rolle der Frau in den orientalischen Gesellschaften zusammen. Die Ehre einer Familie, vor allem aber die der Männer, wird durch das Verhalten und damit durch den Ruf der weiblichen Mitglieder der Familie bestimmt. Bei der großen Bedeutung, die die Ehre in den Gesellschaften des Nahen und Mittleren Ostens hat, ist es daher aus der Sicht der Eltern verständlich, wenn die Geburt eines Mädchens von der Familie mit gewisser Sorge zur Kenntnis genommen wird. Relativ häufig wird in der Literatur von einem Vater berichtet, der seiner Tochter den Namen „Nihaya" (Ende) gegeben hat. Als dann noch ein Mädchen zur Welt kam, soll er das Kind „Tamam" (Schluss jetzt) genannt haben. Andere Namen ohne religiösen Bezug sollen ebenfalls etwas über das Kind aussagen und ein gutes Omen für seinen Lebensweg sein. Ein Junge soll mutig wie ein Löwe sein und heißt daher in der arabischen Welt „Asad" (Löse). Bei dem Wortreichtum des Arabischen ist das aber nicht die einzige Bezeichnung für Löwe. Eine Anzahl anderer Wörter mit dieser Bedeutung werden ebenfalls als Namen verwendet. Der türkische Name „Arslan" bedeutet genauso Löwe wie auch der persische Name „Schir". Andere Tierbezeichnungen, die in gleicher Weise als Namen verwendet werden, sind Tiger, Elefant, Stier, Wolf, ja sogar Schlange. Oft ist die eigentliche Bedeutung dieser Namen nicht mehr im Bewusstsein der Träger vorhanden und wird als reiner Name aufgefasst.

Üblich ist auch die Verwendung von Adjektiven. Ein Mädchen wird „Husna" (Schönste) genannt, weil man hofft, dass sie sich zu einer großen Schönheit entwickelt. Entsprechende Substantive werden ebenfalls verwendet. So gilt es „Fadl" (Tugend) oder „Ismat" (Reinheit). Im Übrigen greifen Eltern aber auf eine Vielzahl von Namen zurück, die sich wohl kaum auf das Leben eines kleinen Erdenbürgers auswirken werden wie „Amira" (Prinzessin). Vielleicht möchte man aber, dass aus einem kleinen „Faris" (Ritter) ein ritterlicher Mann wird. Auch Bezeichnungen für Naturerscheinungen werden als Namen genutzt. In diesem Zusammenhang mag das arabische „Badr" (Vollmond) oder das türkische „Deniz" (Meer) genügen. Es sei aber doch darauf hingewiesen, dass der Mädchenname Badr von der Vorstellung der besonderen Schönheit des Vollmondes ausgeht. Unter Deutschen würde dagegen die Bezeichnung „Mondgesicht" nicht unbedingt als Kompliment aufgefasst werden.

Natürlich gibt es in der modernen islamischen Welt auch die Praxis, Kinder nach Filmstars oder bekannten Sängern zu benennen. Dabei werden dann auch ansonsten tabuisierte Namen benutzt. So wird von einer schiitischen Familie berichtet, die einen Sohn „Omar" nannte, wodurch die besondere Verehrung für den ägyptischen Filmschauspieler Omar Sharif zum Ausdruck gebracht werden sollte. Auch politische Ereignisse können Motiv für die Wahl eines bestimmten Vornamens sein. So trifft man in der Türkei auf den Mädchennamen Anayasa (Verfassung), und ein türkischer Vater nannte seine Drillinge Hürriyyet, Uhuvvet und Musavet (Freiheit, Brüderlichkeit, Gleichheit). Während des Zweiten Weltkriegs gab ein irakischer Nationalist seinem Sohn den Namen Rommel. In der Nachkriegszeit häufen sich Namen wie Gamal, nach dem ägyptischen Präsidenten Gamal Abd el-Nasser, Tito oder Nehru.

Im Volksislam steckt hinter der Siebenzahl beim Tag der Namengebung die Vorstellung, dass sieben Engel das Kind bewachen. Nach dem siebten Tag können diese vormals guten Beschützer allerdings für das Kind gefährlich werden. Man stellt sich vor, dass die Engel sich dann so sehr an das Kind gewöhnt haben, dass sie es nicht mehr hergeben wollen. Um die gefährlichen Kräfte zu besänftigen, werden sieben Kerzen angezündet, von denen jede einen Namen erhält. Der Name der Kerze, die als letzte erlischt, wird als Name für das Kind festgelegt. Bei einer anderen Methode, den Namen eines Kindes zu finden, wird der Rosenkranz benutzt, der sich zwar von dem im katholischen Christentum ein wenig unterscheidet, aber ebenso als Bet- und Meditationsmittel verwendet wird. Wenn man überprüfen will, ob ein in Aussicht genommener Name für ein Kind der richtige ist, nimmt man den Rosenkranz zwischen die beiden Handflächen, die man gegeneinander reibt. Zur gleichen Zeit wird die Eröffnungssure des Korans, die Fatiha, gebetet. Anschließend bläst der Besitzer des Rosenkranzes auf die Perlen, um die Kraft des heiligen Textes auf sie zu übertragen. Danach ergreift man eine beliebige Perle und zählt dann die Perlen bis zur großen Perle am Ende des Rosenkranzes, wobei man die Worte Gott, Muhammad und Abu Djahl benutzt. Geht die Zählung auf Gott aus, ist der Name akzeptabel, bei Muhammad ist seine Richtigkeit zweifelhaft, bei Abu Djahl, einem der großen Widersachen des Islams in früher Zeit, ist der Name sicherlich falsch. Ist das Ergebnis negativ, wird das Ritual mit einem neuen Namen wiederholt.

Eine Reihe von Vornamen werden nicht direkt verwendet. Dieser Typ von Namen geht auf historische Persönlichkeiten zurück, die unter einem anderen Namen bekannt geworden sind. Am häufigsten dürfte in diesem Zusammenhang der Name „Yasir" sein. Männer, die von ihren Eltern diesen Namen erhalten haben, werden in der Regel „Abu Ammar" genannt.

Trotz oder gerade wegen der Vielfalt und Komplexität der Vornamen in der islamischen Welt, ist er als Teil des Gesamtnamens von großer Wichtigkeit für den Einzelnen. Es ist der Name, bei dem die Eltern durch die richtige Wahl hoffen, auf den zukünftigen Lebensweg des Kindes Einfluss nehmen zu können. Sie werden nur in seltenen Fällen gedankenlos oder um eines Scherzes willen ausgesucht. Als Nichtmuslim sollte man daher bemüht sein, diese Namen möglichst korrekt auszusprechen, auch wenn sie noch so große Zungenbrecher zu sein scheinen. Gerade bei den Vornamen sind Verballhornungen oder Scherzversionen unangebracht, weil ein solches Verhalten als ausgesprochen beleidigend und verletzend angesehen werden kann.

Die Geburt eines Kind und sein Name müssen heute selbstverständlich bei den entsprechenden Einrichtungen für Zivilstandsangelegenheiten gemeldet werden. Es ist durchaus möglich, dass der offiziell registrierte Name eines Kindes in der Folgezeit von der Familie gar nicht verwendet wird. Stattdessen wird das Kind bei einem anderen Namen gerufen. Der Grund dafür kann darin liegen, dass die Eltern auf diese Weise verhindern wollen, dass dem Kind ein Schaden zugefügt wird. Viele Menschen in den traditionell geprägten islamischen Gesellschaften fürchten einen bösen Geist, den sie sich in der Gestalt einer alten Frau vorstellen. Diese kann den plötzlichen Tod eines Kindes verursachen. Andere Eltern treffen diese Vorsorge, um ihr Kind vor den Folgen des „bösen Blicks" zu schützen. Sie glauben, dass durch die Verwendung eines anderen Namens negative magische Wirkungen von ihren Kindern abgehalten werden können. Wenn nach mehreren Kindern, die die ersten Lebensjahre nicht überlebt haben, Eltern wieder ein Kind geboren wird, kommt es in der Türkei vor, dass sie dem Kind den Namen „Adsiz" (Ohne Namen) geben. Eine andere Möglichkeit, es gegen negative Einflüsse zu schützen, besteht darin, für sie besonders hässliche Namen zu verwenden. So trifft man durchaus auf Namen wie „Abfall" oder „Misthaufen". Werden Kinder anstelle der eigentlichen Namen mit Ersatznamen gerufen, geraten die ursprünglichen Namen mit der Zeit völlig in Vergessenheit, und die Personen bleiben ausschließlich unter ihren Ersatznamen bekannt. Erst bei offiziellen Anlässen wie der Heirat, bei der dann entsprechende Dokumente wie eine Geburtsurkunde vorgelegt werden, wird der offizielle Vorname bekannt. Der orthodoxe Islam sunnitischer wie schiitischer Prägung lehnt Vorstellungen dieser Art von Magie strikt ab. Dennoch hat er es noch nicht erreicht, dass magische Praktiken zum Schutz von Neugeborenen und Kleinkindern unterlassen werden.

Der zweite Teil eines orientalischen Namens verweist auf den Vater der entsprechenden Person. Dieses Identifizierungsmerkmal gilt für männliche und weibliche Personen in gleicher Weise. Die Erklärung dafür liegt darin begründet, dass die Abstammung eines Menschen in der islamischen Welt durch die väterliche Linie bestimmt wird. Die Gesellschaften des Nahen und Mittleren Ostens sind patrilinear. Unter Umständen kann dem Namen des Vaters auch noch der des Großvaters und des Urgroßvaters hinzugefügt werden. Auf diese Weise wird ein Familienstammbaum über drei Generationen dargestellt und damit die Legitimität einer Person ausgedrückt. Die Rolle der Genealogie, die man einmal als die genuin arabische Wissenschaft bezeichnet hat, ist heute teilweise immer noch von erheblicher Bedeutung. Es erwies sich zum Beispiel seit dem Ölboom der siebziger Jahre als attraktiv, wenn Beduinen, die zwischen den Königreichen Jordanien und Saudi-Arabien hin- und herzogen, die saudische Staatsangehörigkeit hatten. Sie konnten dann die Vorteile des saudischen Sozial- und Gesundheitswesens wahrnehmen und erhielten staatliche Geldzuwendungen. Wenn durch Stammeszugehörigkeit oder andere juristisch feststellbare Tatsachen wie Wehrdienst u. ä. die Staatsbürgerschaft nicht eindeutig festgestellt werden konnte, hatte der entsprechende Antragsteller sich einem Gremium von Fachleuten zu stellen, denen er seine Genealogie vorzustellen hatte. Wenn einer dieser Spezialisten einen Namen in dieser Genealogie als den eines saudischen Staatsangehörigen identifizierte, war damit auch die Staatsangehörigkeit des Antragstellers geklärt. In den übersichtlicheren Gesellschaften des Nahen und Mittleren Ostens der vormodernen Zeit ließ sich durch diese drei bis vier Namenskennzeichen einer Genealogie die individuelle Identität eines Menschen in ausreichender Weise sicherstellen. Die Praktikabilität eines derartigen Verfahrens hat es mit sich gebracht, dass bis in die Gegenwart Name und Vatersname Teil des offiziellen Namens geblieben sind. Während früher jedoch beispielsweise in der arabischen Welt die verschiedenen Namensteile durch die Bezeichnung „Sohn des …" (Ibn) verbunden wurden, ist diese Kopula in der Gegenwart nicht mehr üblich, so dass nur noch die Kombination mehrerer Namen stehenbleibt. Diese Methode der Zusammensetzung gilt auch bei weiblichen Namen. Daher kann der Name einer Frau Fatima Muhammad lauten, wenn ihr Vater mit Vornamen Muhammad heißt. Wenn man in einem Personalausweis die Kombination Muhammad Ahmad und einige weitere Namen findet, handelt es sich nicht um Vornamenskombinationen wie Hans-Georg oder Jean-Pierre, sondern um die Feststellung, dass Ahmad der Vater des Muhammad ist.

Neben der Bezeichnung einer Person dadurch, dass man zum Namen den des Vaters und des Großvaters hinzufügt, gibt es noch eine andere Variante. Wenn ein Mann Vater geworden ist, nennt ihn seine Umgebung „Vater des …". In der arabischen Welt wird ein Mann in einer derartigen Namenskombination nach seinem ältesten Sohn benannt. Der Vater eines Muhammad heißt daher „Abu (Vater des) Muhammad". Auch die Mutter wird mit der entsprechenden Namenskombination bedacht. Sie kann daher „Umm Muhammad" (Mutter des Muhammad) genannt werden. Hat eine Mutter zunächst eine Tochter zur Welt gebracht, wird man sie mit dem Namen „Mutter der …" bezeichnen. Sie könnte also als „Umm Fatima" (Mutter der Fatima) angesprochen werden. Diese Form der Benennung drückt eine besondere Form der Verehrung aus, macht aber zugleich auch eine gewisse Vertrautheit mit der angesprochenen Person deutlich. Die beschriebene Namensanordnung geht jedoch über die Bezeichnung von Vater/Mutter-Kind-Beziehungen hinaus. Es ist durchaus üblich, dass man Menschen, die eine bestimmte körperliche Besonderheit an sich haben, auf diese Weise anspricht. Das in der Öffentlichkeit am weitesten bekannte Beispiel ist der Name des früheren tunesischen Staatspräsidenten Bourguiba. Dieser Name kann auf die hocharabische Form Abu Ruqayba, Vater (oder Besitzer) eines kleinen Buckels, zurückgeführt werden. All diese und ähnliche Kombinationen drücken entweder eine besondere Intimität zwischen den entsprechenden Gesprächsbeteiligten aus oder werden in informellen Zusammenhängen verwendet.

Der dritte Typ orientalischer Namen leitet sich von den unterschiedlichen Besonderheiten eines Menschen her. Eine geographische Herkunftsbezeichnung kann als Name dienen. So stammte der frühe arabische Nationalist Salih al-Tunisi (gest.

1921) natürlich aus Tunesien, ein schiitischer Rechtsgelehrter namens Qummi aus der iranischen Stadt Qumm (oder Gom), ein Mann mit den Namen al-Baghdadi aus Baghdad. In der Führungselite der herrschenden Baath-Partei im Irak stammen sehr viele Personen aus der Stadt Takrit, ca. 150 km nördlich von Baghdad. In der irakischen Öffentlichkeit entstand in den siebziger Jahren sogar der Eindruck, dass alle wichtigen Positionen in Politik, Wirtschaft und Militär von Takritis besetzt waren. Das wurde durch die entsprechenden Namen, die sich auf die Stadt Takrit bezogen, deutlich. Bald machte in Baghdad die folgende Geschichte die Runde. Im Gegensatz zu vielen anderen islamischen Ländern finden sich auf öffentlichen Plätzen in Baghdad Großskulpturen, die beispielsweise an bedeutende Persönlichkeiten der arabischen Kulturgeschichte erinnern. Eines dieser Denkmäler ist dem berühmten arabischen Dichter der vorislamischen Zeit Antar gewidmet, der sich in seinen Gedichten als ritterlicher Poet zeigt. Sein Name ist in ehernen Lettern auf dem Sockel des Denkmals angebracht. Eines Nachts hatte ein Witzbold den Namen Antar um die Herkunftsbezeichnung al-Takriti erweitert, was auch als Kritik am Nepotismus des herrschenden Regimes verstanden werden konnte. Allerdings muss sich die geographische Namensbezeichnung nicht unbedingt auf den aktuellen Wohnort des Namensträgers beziehen. Er kann in einer ganz anderen Stadt seinen Wohnsitz haben. Deutlich wird aus dieser Bezeichnung dann, dass seine Familie oder zumindest einer seiner Vorfahren aus dieser Stadt stammte und er unter diesem Namen in seiner Umgebung bekannt war. In der Regel handelt es sich dann um Städte, die aus politischen, religiösen oder kulturellen Gründen über ein gewisses Prestige verfügen.

Neben diesen geographischen gibt es auch Herkunftsbezeichnungen, die sich auf einen bestimmten, häufig auf einen viele Jahrhunderte ihrer Geschichte zurückblickenden Stamm beziehen. Jemand, der zu dem arabischen Stamm der Tamim gehört, kann den Namen al-Tamimi haben, jemand aus dem berühmten Stamm der Quraisch, zu dem auch der Prophet Muhammad gehörte, mag al-Quraischi heißen. Andere Möglichkeiten solcher Namenstypen sind Bezugnahmen auf religiöse Affiliationen. Jemand kann den Namen Hanafi oder Maliki tragen, wenn er oder einer seiner Vorfahren als prominenter Anhänger der hanafitischen oder der malikitischen Rechtsschule im Islam gegolten hat. Auch die Zugehörigkeit zu einer mystischen Gemeinschaft mag durch einen entsprechenden Namen dokumentiert sein. Bei einem Mann mit dem Namen Rifa'i ist davon auszugehen, dass er oder zumindest einer seiner Vorfahren dem Sufi-Orden der Rifa'iyya angehört hat.

Wie in anderen Kulturen können auch in der Welt des Nahen und Mittleren Ostens Berufsbezeichnungen zu Namen werden. Auch dort gibt es die Bäckers und die Schmieds, wobei dann natürlich die entsprechenden arabischen, persischen oder türkischen Wörter zu Namen geworden sind. Nicht anders verhält es sich mit bestimmten administrativen Funktionen oder Ehrenämtern. Das ist um so leichter verständlich, als diese Funktionen häufig vom Vater auf den Sohn weitergegeben wurden. Die arabische Benennung für einen Stammesführer „Scheich" konnte daher leicht zum Namen der Familie werden und weiter Verwendung finden, auch wenn die Scheichwürde schon längst ihre Bedeutung verloren hatte oder ganz abgeschafft worden war. Auch Spitznamen oder Wörter, die Bezug auf eine bestimmte augenfällige Körpereigenschaft nehmen, können zu Namen werden. So ist ein berühmter mittelalterlicher Literat als al-Djahiz (der Glotzäugige) bekannt.

Die Unübersichtlichkeit der Namenskonstruktionen im Nahen und Mittleren Osten hat dazu geführt, dass die eigentliche Funktion von Namen, nämlich die eindeutige Bezeichnung einer bestimmten Person, nicht immer realisiert werden konnte. Trafen sich zwei Personen, die sich bis dahin noch nicht kannten, mussten sie zunächst längere gegenseitige Befragungen durchführen, um festzustellen, wer der andere war. Das war insofern von Bedeutung, als ja die Möglichkeit bestand, dass zwischen den Großfamilien der beiden Gesprächspartner eine Fehde herrschte oder aber auch eine Allianz geschlossen worden war, die bestimmte Umgangsformen und Verhaltensregeln erforderlich machte. Um eine größere Praktikabilität zu erreichen, wurde in der Mehrzahl der Staaten des Nahen und Mittleren Ostens eine dem modernen europäischen Gebrauch vergleichbre Namensgesetzgebung eingeführt. Das geschah allerdings teilweise erst in den fünfziger Jahren unseres Jahrhunderts. Bei diesem Gesetzgebungsverfahren wurde festgelegt, dass Familienvorstände bis zu einem bestimmten Zeitpunkt den Namen, unter dem sie in ihrer Umgebung bekannt waren, als Familiennamen bestimmen sollten. So kam es dann zu Familiennamen, die ursprünglich Vornamen waren. So gibt es zum Beispiel eine Familie „Ahmed" nach dem entsprechenden Vornamen, eine Familie „Scheich" nach der politischen Funktionsbezeichnung, eine Familie Tidjani nach der Mystikerorganisation der Tidjaniyya.

Berufsbezeichnungen wurden genauso wie Herkunftsbezeichnungen zu Familiennamen. Die Durchsetzung dieser Namensregelungen ist sehr unterschiedlich erfolgt. Natürlich war sie auf dem Land sehr viel schwieriger zu realisieren als in den Städten, in den hinsichtlich ihrer Bildung benachteiligten Schichten langwieriger als in denen, die über eine schulische Ausbildung verfügten. In vielen Fällen haben Arbeitsemigranten, die nach Europa kamen, erst hier den Umgang mit ihrem Familiennamen lernen müssen. Manche Personen ändern auch ihren Familiennamen, indem sie einen anderen von ihren zahlreichen Namen als Familiennamen bestimmen. Ob eine derartige Namensänderung auch den Behörden mitgeteilt wird, ist dabei durchaus nicht selbstverständlich. Dennoch wird ein derartiger Name in der Alltagspraxis allgemein verwendet. Die Gründe für Namensänderungen können vielschichtig sein. Es kommt vor, dass ein Orientale seinen für Europäer schwer aussprechbaren Namen ablegt und zu einem für die westliche Zunge leichter artikulierbaren übergeht. Diesen benutzt er dann allerdings nur im Umgang mit Europäern oder bei Besuchen im westlichen Ausland. Zu Hause hält er weiter an seinem ursprünglichen Namen fest. Künstler verwenden, wie in Europa auch, einen Künstlernamen, unter dem sie dann bekannter sind als unter ihrem eigenen. Schließlich geschieht es nicht selten, dass Menschen ihren Familiennamen ändern, weil sie nicht mit einem Skandal, der von einem Familienmitglied heraufbeschworen wurde, in Verbindung gebracht werden sollen. Angesichts der Vielzahl der Benennungsmöglichkeiten ist es nicht verwunderlich, dass Orientalen, die sich in europäischen Staaten länger aufhalten und mit dem hiesigen standesamtlichen System und seinen Vorschriften in Verbindung kommen, die Rigorosität der entsprechenden Praxis nur schwer akzeptieren können. Als Beispiel sei auf den folgenden Umstand hingewiesen. Wie schon festgestellt, erhalten Kinder, Jungen wie Mädchen, in einigen Staaten neben dem eigenen und dem Familiennamen auch den Namen des Vaters und den des Großvaters. Diese Benennungspraxis wollte auch ein in Westdeutschland lebender Ägypter mit Namen Muhammad praktizieren. Er nannte seine beiden Töchter Dunya Muhammad und Amira Muhammad (Namen fiktiv), verband also die Vornamen der Mädchen mit seinem eigenen. Das zuständige Standesamt wollte diese Namen nicht akzeptieren, da Muhammad ein männlicher Vorname ist, Vornamen sich jedoch nach gängiger Rechtsprechung eindeutig auf das Geschlecht des zu benennenden Kindes beziehen müssen. Die Kinder waren schon fast im schulpflichtigen Alter, als sich der Prozess um ihre Namen noch immer durch die verschiedensten verwaltungsgerichtlichen Instanzen schleppte.

Eine weitere Schwierigkeit im Zusammenhang mit einer modernen Namensgesetzgebung ergibt sich daraus, dass nahöstlich Regierungen die entsprechenden Vorschriften immer wieder geändert haben. So wurde in den siebziger Jahren im Irak durch staatliche Stellen festgelegt, dass der erste Name als der zu gelten habe, unter dem eine Person bekannt sei. Diese Vorschrift hat sich allgemein durchgesetzt. Auch westliche Besucher des Landes werden ohne weiteres mit dem Vornamen angeredet, wobei allerdings akademische Titel oder militärische Grade nach in Vergessenheit geraten und zusätzlich gebraucht werden. Nicht ganz so weit ist man in Ägypten gegangen. Dort ist jedoch das Telefonbuch nach den Vornamen geordnet. Angesichts der Beliebtheit des Namens Muhammad kann man verstehen, warum der Gebrauch dieser Verzeichnisse sich so zeitraubend gestaltet. Nicht zuletzt aus diesem Umstand ist es zu erklären, dass eine der ersten Fragen beim Zusammentreffen mit einem Orientalen der mittleren oder der gehobenen Bevölkerungsschichten der nach der Visitenkarte ist. Auf dieser ist ja in der Regel die eigene

Telefonnummer verzeichnet. Die Unübersichtlichkeit der nah- und mittelöstlichen Namensgestaltung lässt manchen westlichen Besucher dieser Region schier verzweifeln. Gewisse Normierungen sind heutzutage festzustellen, die dann wohl zu einer Vereinfachung führen werden. Damit geht aber sicherlich auch etwas von der Anmut und der Lebendigkeit dieser Kultur verloren.

Literaturhinweis

Annemarie Schimmel: Von Ali bis Zahra: Namen und Namengebung in der islamischen Welt. München 1993.

„Ein willkommener Gast ist auch ein großzügiger Gastgeber"
Zu Gast bei Muslimen

Mit orientalischer Gastfreundschaft ist wohl schon jeder konfrontiert worden, der sich für eine kürzere oder längere Zeit, im Urlaub oder aus geschäftlichen Gründen, in einem der Länder des Nahen und Mittleren Ostens aufgehalten hat. Sie ist jedoch nicht ein ausschließlich orientalisches Phänomen, sondern findet sich auch in den Kulturen des nördlichen Mittelmeergebietes. Ihre Besonderheit ist sicherlich als ein mediterranes Phänomen zu bezeichnen. Die umfassende Art, auf einen Fremden zuzugehen, ist vielen Menschen aus dem Westen nicht besonders angenehm. Sie sind es gewöhnt, von einem genauen Reziprozitätsverhältnis auszugehen. Der westfälische Brauch, den Hochzeitsgästen bei der Einladung gleich mitzuteilen, was von ihnen als Mitbringsel erwartet wird, mag wohl auch in anderen deutschen Regionen üblich sein. Diese Verhaltensweise wäre für jeden Muslim vollständig unakzeptabel und unverständlich. Das genaue Auseinanderdividieren der Rechnung unter Deutschen bei einem Restaurantbesuch trifft bei Orientalen ebenfalls auf vergleichbares Unverständnis. Für sie gehört Gastfreundschaft zu den Grundtugenden, deren sich jeder Mensch befleißigen muss. Die Bedeutung der Gastfreundschaft geht sicherlich auf die wirtschaftlichen und gesellschaftlichen Verhältnisse in den vorislamischen Beduinengesellschaften zurück. Unter den schwierigen geographischen, wirtschaftlichen und politischen Bedingungen des Lebens in den Wüstengebieten der Arabischen Halbinsel gab es nur drei Kategorien von Menschen: Verwandte, Feinde und Gastfreunde. Einen reisenden Fremdling als Gast aufzunehmen galt als vornehme Pflicht. Für ihn auch die letzten Nahrungsreserven zu mobilisieren und eventuell das letzte Kamel zu schlachten galt als selbstverständliche Norm. Mancher vorislamische arabische Dichter berichtet stolz von seiner Großzügigkeit gegenüber seinen Gästen. So singt der berühmte vorislamische Dichter Imrulqais:

Und an jenem Tag schlachtete ich den Mädchen mein Reitkamel.

Doch weh, über den Packsattel, den man nun mitschleppen musste.

Wenn jemandem einmal Gastrecht gewährt worden war, galt dieses Recht, auch wenn sich später herausstellen sollte, dass es unter falschen Voraussetzungen gewährt worden war. Araber werden nicht müde zu erzählen, dass einmal ein Mann vor der Verfolgung seiner Feinde Gastfreundschaft und Zuflucht in einem Beduinenlager suchte, in dem nur noch ein kleines Mädchen war. Dieses gewährte ihm Gastrecht. Kurze Zeit später stellte sich heraus, dass es eben die Männer dieses Lagers waren, die den Mann verfolgt hatten. Da ihm jedoch der Schutz dieser Sippe mit dem Gastrecht gewährt worden war, taten sie ihm nichts zuleide, sondern bewirteten ihn und ließen ihn nach einiger Zeit unbehelligt weiterziehen. Es wurde allerdings von ihm erwartet, dass er sich in der Zeit, in der er sich bei seinen Gastgebern aufhielt, diesen gegenüber loyal verhielt. Unter weniger dramatischen Umständen wurde ein Fremder, der um Gastfreundschaft bat, selbstverständlich aufgenommen und mit Nahrung für sich und sein Reittier versorgt. Es war üblich, ihn erst nach drei Tagen nach seinem Weg und seinen weiteren Absichten zu befragen. Diese Regel galt bei den verschiedenen regionalen Potentaten und Fürsten in vielen Teilen der islamischen Welt noch im 19. Jahrhundert allgemein, und sie hat sich in manchen Gegenden noch bis in die fünfziger Jahre unseres Jahrhunderts gehalten.

Der Koran hat diese vorislamischen Normen aufgenommen und mit religiöser Autorität versehen. An vielen Stellen des heiligen Buches der Muslime ist davon die Rede, dass man sich nicht nur gegenüber Witwen und Waisen, sondern auch gegenüber den Reisenden großzügig verhalten solle. Diese religiöse Hervorhebung der Gastfreundschaft hat dazu geführt, dass sich in den islamischen Gesellschaften zahlreiche Einrichtungen entwickelt haben, die zur Unterstützung und Versorgung von Reisenden dienen. Sogenannte „Fromme Stiftungen" (arabisch: Waqf, Pl. Awqaf) wurden eingerichtet. In solchen Stiftungen wurden die Erträge aus Landgütern und Gärten, aus der Verpachtung von Ladengeschäften und Mühlen gesammelt, ja sogar aus der Ernte einer einzelnen Dattelpalme wurde etwas für genau festgelegte, dem Allgemeinwohl dienende Zwecke bestimmt. Diese Bestimmungen waren für alle Zeiten festgeschrieben und konnten auch nicht durch staatliche Willkürakte aufgehoben werden. Aufgabe der Stiftung konnte es sein, Brunnen für die Reisenden anzulegen, die aus den Erträgen der „Frommen Stiftungen" weiter unterhalten wurden. Mit derartigen Einkünften wurden öffentliche Küchen betrieben, in denen nicht nur die Armen einer Stadt, sondern ausdrücklich auch die Reisenden gespeist wurden. Die entsprechenden Stiftungsurkunden geben genaue Anweisungen, nach denen die Speisen zubereitet werden sollten. Dabei handelte es sich nicht nur um einfache, aber nahrhafte Zubereitungen. Vielmehr wurden auch für Festtage und andere besondere Gelegenheiten finanziell aufwendige und arbeitsintensive Gerichte vorgeschrieben. Auch die Unterhaltung von Herbergen für die Reisenden konnte aus den Mitteln „Frommer Stiftungen" finanziert werden. Angesichts dieser aus alter Tradition stammenden und religiös in den verschiedensten Formen und Praktiken sanktionierten Regeln der Gastfreundschaft ist es nicht verwunderlich, dass diese Norm einen tiefen und auch heute noch in allen Bereichen des öffentlichen Lebens der islamischen Welt deutlich feststellbaren Eindruck in der täglichen Praxis der Muslime hinterlassen hat. Gäste einzuladen ist daher auch heute noch für viele Muslime eine religiöse Pflicht. Zur Verdeutlichung sei hier eine persönliche Erfahrung berichtet. Bei einer Wanderung in der Umgebung der südlich von Baghdad gelegenen irakischen Stadt Nadjaf, die ich Mitte der sechziger Jahre als Student mit einigen arabischen Kommilitonen unternahm, begegnete uns ein älterer Mann, der uns in sein Zeltlager einlud. Wir zögerten ein wenig, die Einladung anzunehmen, weil wir fürchteten, auf dem Rückweg von der Dunkelheit überrascht zu werden. Im Übrigen war der Mann offensichtlich nicht mit irdischen Gütern gesegnet, und wir wollten ihn nicht durch unseren Besuch belasten. Da er jedoch weiter insistierte, bat ihn einer aus unserer Gruppe, mit

Hilfe seines Rosenkranzes über den Besuch zu entscheiden. Der Beduine ergriff eine Perle seines Rosenkranzes und zählte bis zur größeren Endperle. Seine Manipulation ergab ein positives Ergebnis, so dass wir seiner Einladung folgen mussten. Während des ganzen Weges zu seinem Zelt pries er mit lauter Stimme Gott, der ihm die Gelegenheit gegeben habe, Gäste zu bewirten. Wenn man also in einem orientalischen Bazar von einem Ladeninhaber zu einem Tee eingeladen wird, dann hat der Mann natürlich auch sein Geschäftsinteresse im Auge. Wer würde ihm das verdenken? Man geht mit dem akzeptierten Tee oder Kaffee aber keine Kaufverpflichtung ein. Wenn man den Laden, ohne etwas mitgenommen zu haben, verlässt, wird das mit Gleichmut hingenommen. Der Händler hofft darauf, dass sich diese Investition später auszahlt. Sei es, dass der Kunde ein anderes Mal wiederkommt und dann etwas kauft, sei es, dass Gott ihm seine Gastfreundschaft belohnt. Sich mit Gästen zu unterhalten wird auch als eine Form der Freizeitbeschäftigung, ja der Erholung angesehen. So berichtete eine deutsche Bekannte, die schon seit vielen Jahren mit einem Türken verheiratet ist, dass es oft vorkommt, dass ihr Mann erschöpft und mit einer Migräne nach Hause kommt, nichts unternehmen will und sich etwas hinlegt. Meldet sich dann ein Bekannter telefonisch an, ist von seiner Erschöpfung keine Rede mehr. Er bittet ihn, vorbeizukommen, freut sich über den Besuch und ist ein aufmerksamer Gastgeber, und seine körperlichen Beschwerden sind überwunden.

So einfach sich die Gastfreundschaft in einem traditionellen Umfeld darstellt, so kompliziert kann sie in städtischen Verhältnissen sein. Grundsätzlich sollte man nur auf eine Einladung hin ein Haus aufsuchen oder eine Wohnung betreten, auch wenn es sich um Bekannte handelt. Lediglich unter engen Freunden ist es üblich, ohne entsprechende Aufforderungen in die Wohnung zu kommen. Taucht jemand ohne Ankündigung in der Wohnung auf, bringt man die Gastgeber unter Umständen in Verlegenheit, weil sie nicht auf den Gast vorbereitet sind, nicht richtig angezogen sind, ihnen vielleicht die Getränke oder Nahrungsmittel fehlen, sie keine Zeit für die Vorbereitung hatten, andere Verpflichtungen eingegangen sind, kurz, nicht in der Lage sind, den Gast so zu behandeln, wie es ihren Vorstellungen entspricht. Wenn man dennoch ohne Einladung erscheint, wird man zunächst unter Umständen eine Zeit lang im besten Zimmer der Wohnung allein gelassen, während sich in den anderen Räumen große Hektik entwickelt, die Hausfrau mit der Zubereitung von Tee oder Kaffee beschäftigt ist und ein Kind zur Besorgung von fehlenden Artikeln fortgeschickt wird. Nach einiger Zeit wird der unerwartete Gast dann bewirtet, wie es sich gehört. Die Gastgeber sind dann besonders stolz, dass sie auch unter diesen schwierigen Umständen in der Lage sind, ihrer Verpflichtung gegenüber dem Gast nachzukommen.

Die Regel, seinen Besuch anzukündigen, gilt nicht für Tage, an denen gegenseitige Besuche üblich sind. Zu diesen gehören die beiden großen islamischen Feiertage, das Fest des Fastenbrechens und das Opferfest, des weiteren Familienfeste, die aus Anlass der Geburt eines Kindes gefeiert werden, und ähnliche Veranstaltungen. Bei diesen Gelegenheiten sind die Gastgeber auf Besucher eingerichtet. Man erwartet geradezu Besucher. In islamischen Staaten, in denen es größere christliche oder jüdische Minderheiten gibt (bzw. gab), ist es durchaus üblich, dass Christen ihre muslimischen Freunde und Nachbarn an islamischen Feiertagen ohne Einladung besuchen, wie auch die Muslime zu Ostern oder zu Weihnachten ihren christlichen Bekannten einen Besuch abstatten, an dem sie ihnen ihre Glückwünsche aussprechen. In einigen islamischen Ländern, wie z. B. Saudi-Arabien, hat sich an solchen hohen islamischen Festtagen ein regelrechtes Besuchsritual entwickelt. Danach müssen die Kinder zunächst die Eltern und Schwiegereltern besuchen, die dann alsbald diesen Besuch erwidern. Geschwister besuchen sich nach den jeweiligen Altersverhältnissen usw. Man gewinnt den Eindruck, dass an solchen Tagen alle Menschen permanent auf Besuchstour sind und fragt sich, ob sie sich je einmal antreffen.

Selbstverständlich kann man als Mann eine Familie nur besuchen, wenn der Familienvorstand oder ein erwachsenes Familienmitglied zu Hause ist. Anderenfalls kann es einem geschehen, dass man nicht ins Haus gelassen wird. Eventuell muss man vor dem Haus oder in einem Vorraum so lange warten, bis durch einen Boten ein männliches Familienmitglied herbeigerufen worden ist. Wird man in traditionalistischen Familien vom Hausherrn unvorhergesehener weise mit nach Hause genommen, wird er sich durch Rufen ankündigen und darauf hinweisen, dass er einen Fremden mitbringt. So haben die Frauen des Hauses die Möglichkeit, sich zurückzuziehen oder sich so zu kleiden, dass sie einem nicht mit ihnen verwandten Mann gegenübertreten können. Daraus ergibt sich, dass Europäerinnen, die in einem islamischen Land leben, sich gegenüber Musliminnen sehr viel unbefangener benehmen können. Für sie gelten die Meidungsgebote gegenüber ihren muslimischen Geschlechtsgenossinnen nicht. Sie können daher auch ohne größere Vorbereitungen zu ihren Nachbarinnen gehen und informelle Besuche machen.

Wird man offiziell in ein Haus eingeladen, geschieht dies häufig schriftlich. Dabei wird in der Regel der Zeitpunkt für die Einladung angegeben. Falls die Einladung in einer der großen Metropolen der islamischen Welt stattfindet, erhält man auch noch eine Skizze, in der die Lage des Hauses oder der Wohnung dargestellt ist, in der man erwartet wird. Derartige Wegbeschreibungen sind in der Regel sehr hilfreich, weil die Straßen vor allem in Neubaugebieten nur in seltenen Fällen mit entsprechenden Straßennahmen oder Straßen- und Hausnummern versehen sind und man vor allem abends in den Wohnvierteln nur noch wenige Passanten findet, die man um Hinweise auf das entsprechende Haus bitten kann. Die Frage nach dem Zeitpunkt, zu dem man bei einer Einladung erscheinen soll, ist nicht ganz einfach zu entscheiden. Selbstverständlich ist eine bestimmte Uhrzeit angegeben. Auf keinen Fall sollte man früher erscheinen. Man stört dann nur die Gastgeber bei ihren Vorbereitungen. Pünktlichkeit wird allerdings nicht erwartet. Dazu sind die Verkehrsverhältnisse in den großen Städten des Nahen und Mittleren Ostens zu chaotisch. Verspätungen sind da nicht überraschend. Als ausländischer Gast sollte man allerdings auch nicht zu spät kommen. Vor allem von Deutschen weiß man, dass sie auf Pünktlichkeit Wert legen. Von ihnen erwartet man diese Pünktlichkeit, wenn sie Gäste sind, ebenfalls. Im Übrigen aber ist die Frage des Zeitbegriffs außerordentlich kompliziert. Häufig wird Orientalen vorgeworfen, dass sie notorisch unpünktlich sind. Diese Beobachtung mag objektiv richtig sein, sie trifft die subjektiven Tatbestände allerdings nicht und entspricht auch nicht der Lebenswirklichkeit des Orients. Die Frage des unterschiedlichen Zeitgefühls spielt in diesem Zusammenhang eine große Rolle. Auch wenn alle islamischen Sprachen das Wort für Sekunde kennen, wird es kaum als Zeiteinheit verwendet. Im Gespräch ist stattdessen von „Augenblick" oder „Minute" die Rede. Das macht schon deutlich, dass sehr kleine Zeiteinheiten kaum zur Kenntnis genommen werden. Wenn man erfährt, dass ein Besucher „in einer Minute" ankommen wird, muss man sich auf einen längeren Zeitraum des Wartens gefasst machen. Heißt es dagegen, dass er „diese Stunde" kommt, kann man mit seinem baldigen Erscheinen rechnen. Man wird nur dann eine genaue Zeitangabe erhalten, wenn diese ganz exakt feststeht. Das ist in der Regel aber nur im Nachhinein möglich und nur dann, wenn die Zeit auch exakt gemessen worden ist (über die Wahrnehmung der Wirklichkeit vgl. Kapitel „Was ist Wahrheit?"). Das Prinzip, nach dem im Nahen und Mittleren Osten gesellschaftliche Veranstaltungen durchgeführt werden, ist das des Madjlis. Das arabische Wort „Madjlis" bedeutet eigentlich Sitzung. An einer solchen Sitzung, die sich über viele Stunden hinziehen kann, nehmen unter Umständen zahlreiche Menschen teil. Sie sind jedoch nicht während der gesamten Zeit anwesend, sondern erscheinen zu einem bestimmten Zeitpunkt nach dem Beginn der Sitzung und verlassen die Veranstaltung vor deren Ende. So herrscht ein ständiges Kommen und Gehen. Diese zeitliche Offenheit kennzeichnet auch große gesellschaftliche Veranstaltungen in der heutigen islamischen Welt. Man ist es gewohnt, zu einem selbst gewählten Zeitpunkt zu erscheinen und ebenso frei wieder zu gehen. Wie man bei seinem Eintreffen die Gastgeber begrüßt, hängt von der Situation ab. Ist man bei einer streng konservativen muslimischen Familie eingeladen, wird man als männlicher Besucher die Frauen des Hauses kaum zu Gesicht bekommen. Die Gesellschaft wird streng nach Geschlechtern getrennt stattfinden. Weibliche europäische Gäste können zwar in der Männergesellschaft Platz nehmen. Es wird jedoch als ein Zeichen guter Erziehung angesehen, wenn sie darauf Wert legen, sich zu den Frauen des Hauses und ihren Gästen zu begeben. Europäerinnen können so, trotz aller eventuell vorhandenen sprachlichen Schwierigkeiten, einen tiefen Einblick in das Leben muslimischer Frauen gewinnen, der ihren Männern aus eigener Anschauung stets verborgen bleiben wird. Die Gastfreundschaft der muslimischen Frauen Europäerinnen gegenüber wird von allen Damen, die sie erfahren haben, voller Begeisterung beschrieben. Das Interesse der häufig auf Haus und Familie konzentrierten muslimischen Frauen an der europäischen Welt und ihren Lebensgewohnheiten ist sehr groß, und sie nehmen jede Information darüber dankbar zur Kenntnis. Nicht selten ist es vorgekommen, dass die Europäerinnen ein sehr viel abwechslungsreicheres und interessanteres gesellschaftliches Leben im Kreise der muslimischen Frauen erleben konnten als ihre Männer in der männlichen Gesellschaft des Nahen und Mittleren Ostens.

Üblich ist es, dass man als Gast ein kleines Geschenk mitbringt, das man eingepackt überreicht. Blumen sind dagegen weniger üblich. Die Gastgeber werden das Geschenk mit einem kurzen Dank in Empfang nehmen und es dann, ohne es ausgewickelt zu haben, zu anderen ebensolchen Geschenken legen. Erst später, wenn die Gäste gegangen sind, werden die Geschenke in Augenschein genommen. Handelt es sich um ein größeres Geschenk, sollte man es erst gar nicht überreichen, sondern möglichst unauffällig an einem nicht von jedermann einsehbaren Platz deponieren. Gerne kommen in solchen Fällen die Küche oder ähnliche, von Gästen in der Regel nicht frequentierte Räume in Frage. Man kann sicher sein, dass irgend jemand aus der Familie des Gastgebers das Geschenk registriert und sich merkt, von wem es stammt. Derartige größere und kostspielige Geschenke sind allerdings nur bei besonderen Anlässen wie Hochzeiten oder Geburten üblich. Sie sollten sich in einem Rahmen halten, der es den Beschenkten erlaubt, sich bei einer entsprechenden Gelegenheit zu revanchieren. Das Prinzip der Reziprozität, das in vielen traditionellen Gesellschaften eine wichtige Rolle spielt, sollte immer gewahrt bleiben. Auf ein großzügiges Geschenk mit einem weniger aufwendigen zu antworten, obwohl man zu mehr in der Lage wäre, gilt als Zeichen für mangelndes Interesse an der Aufrechterhaltung der beiderseitigen Beziehungen. Falls jemand nicht in der Lage ist, ein Geschenk zu erwidern, bedeutet das für ihn einen Gesichtsverlust. Er kann dann unter Umständen davon ausgehen, dass er mit diesem unverhältnismäßigen Geschenk blamiert werden sollte. Wird man bei einem Besuch durch das Haus des Gastgebers geführt, sollte man es vermeiden, sich allzu begeistert von Einrichtungsgegenständen oder Raumschmuck wie Bildern, Teppichen und Dekorationsstücken zu zeigen. Der Gastgeber könnte sich dadurch veranlasst sehen, einem diesen Gegenstand als Geschenk zu überreichen. Zurückhaltende Bewunderung ist also angebracht.

Betritt man ein orientalisches Haus, sollte man die Schuhe ausziehen, auch wenn man nicht dazu aufgefordert wird. Das ist dann nicht notwendig, wenn die Haushaltsmitglieder im Haus ebenfalls Schuhwerk tragen. Manchmal werden einem Gast Pantoffel angeboten, die er dann auch benutzen sollte. Vordergründig hat diese Sitte den Zweck, Straßenschmutz, der an den Schuhen haftet, nicht mit in die Wohnräume zu bringen. Das ist vor allem dann von Nutzen, wenn man auf niedrigen Schemeln, Kissen oder direkt auf dem Boden sitzt. Der eigentliche Grund für diese Praxis ist aber wohl eher ein religiöser. Ein Muslim kann seinen religiösen Pflichten nur im Zustand ritueller Reinheit nachkommen. Unreinheit wird nach islamischer Auffassung durch den Kontakt mit unreinen Dingen hervorgerufen. Zu diesen gehören Dinge wie Blut, Sperma, Körpersekrete, Urin, Fäkalien, kurz alles, was Ekel erregend und schmutzig ist oder als solches angesehen wird. Die durch den Kontakt mit diesen Dingen hervorgerufene Unreinheit kann durch verschiedene Formen der Waschung beseitigt werden. Da man in vielen Fällen davon ausgehen kann, dass die Schuhe auf der Straße in Kontakt mit unreinen Dingen gekommen sind und dadurch selber verunreinigt worden sind, entledigt man sich ihrer. Damit ist sichergestellt, dass es nicht unwissentlich zu einer Kontamination kommt.

Das zeitlich ungewisse Erscheinen der Gäste hat eine Reihe von Konsequenzen für die Organisation solcher Veranstaltungen, die nur mit Hilfe einer großen Anzahl von Dienern und mithelfenden Familienmitgliedern bewältigt werden kann. Die Speisen und Getränke müssen über eine längere Zeit ständig bereit zum Konsum gehalten werden. Das geschieht, indem Speisen vorbereitet werden, die nicht unbedingt heiß serviert werden müssen, wie ja insgesamt in heißen Ländern das Essen nicht so heiß serviert wird wie in nordischen Regionen. Tee oder Kaffee und kalte Getränke stehen ohnehin stets zur Verfügung. Handelt es sich bei einer Einladung um eine eher kleine Gesellschaft, bei der ein größeres Menü angeboten wird, bestehen die Vorspeisen in der Regel aus einer Anzahl von Dips wie Kichererbsen- oder Auberginenpüree, gefüllte Eier oder gratinierte Zucchini, Yoghurt, rohe Gemüse und vieles andere, die lange vor der Einladung vorbereitet werden konnten und nicht zu einem bestimmten Zeitpunkt serviert werden müssen. Daher kann ein Essen ohne Schwierigkeiten dann beginnen, wenn alle Gäste eingetroffen sind. Sollten sich Gäste so sehr verspäten, dass man nicht mehr warten kann, besteht immer noch die Möglichkeit, die zu spät gekommenen mit diesen Vorspeisen zu bedienen, sobald sie eingetroffen sind. In frommen Familien beginnt ein Mahl nicht ohne den Dank an Gott für diese Speise. Auf jeden Fall wünschen sich alle Esser ‚einen guten Appetit'. Da immer damit zu rechnen ist, dass Gäste nicht erscheinen, muss man darauf eingestellt sein, dass mit der Zubereitung der Hauptgerichte erst dann begonnen wird, wenn klar ist, wie groß die Anzahl der Essenden sein wird. Damit die Köche wissen, wie groß die Zahl der Gäste ist, kann es durchaus sein, dass man als Gast vom Gastgeber schon lange vor dem Zeitpunkt der Einladung angerufen wird, wann man denn komme. Das bedeutet durchaus nicht, dass man gleich beim Eintreffen zu Tisch gebeten wird. Eine Phase der einleitenden Unterhaltung und des Kennenlernens wird auch in diesem Fall vorgeschaltet. Eine größere Pause zwischen den in der Regel sehr reichlich bemessenen Vorspeisen muss immer erwartet werden. Die heißen Speisen werden dann in der Regel auf einmal serviert. Was die orientalischen Gerichte angeht, muss man sich als europäischer Besucher weiter keine Gedanken machen. Die Zeiten, in denen einem Ehrengast Schafsaugen und ähnliche Köstlichkeiten serviert wurden, sind lange vorbei.

Die islamischen Speisevorschriften verlangen ein Höchstmaß an Sauberkeit in der Küche. Brot und Reis sind die üblichen Beilagen. Die häufigsten Fleischsorten sind Lamm und Geflügel. Rind- oder Kalbfleisch findet man seltener. Dafür gibt es keine rituellen Gründe. Vielmehr wird dieses Fleisch auf dem Markt selten angeboten und ist in der Regel auch nur unter einem ungewöhnlich großen Aufwand schmackhaft zuzubereiten. Das Fleisch muss dem islamischen Recht entsprechend gewonnen worden sein. Das bedeutet, dass die entsprechenden Tiere auf eine rituell vorgeschriebene Weise geschlachtet worden sind. Dazu wird das Tier nach Mekka gewendet, der Name Gottes über ihm ausgesprochen und dann die Halsschlagader geöffnet, so dass es ausblutet. Sind Muslime bei Nichtmuslimen zu Gast, ist es ihnen allerdings auch nach den Regelungen des islamischen Rechts erlaubt, das ihnen angebotene Fleisch zu verzehren, auch wenn nicht sicher ist, dass das entsprechende Tier auf die rituell korrekte Weise geschlachtet worden ist. Diese Dispens gilt selbstverständlich nicht für das verbotene Schweinefleisch. Dennoch kann man unter Muslimen, die weniger erfahren im Umgang mit Europäern sind, eine gewisse Zurückhaltung beim Verzehr von Fleisch feststellen. Man hört dann häufig, dass sie ohnehin kein Fleisch äßen und Reis und Gemüse bevorzugten. Darauf kann sich eine europäische Gastgeberin einstellen. Ein umfängliches Dessert findet in so einem Fall begeisterte Abnehmer.

Die Anwesenheit von Gästen ist für orientalische Gastgeber ein festliches Ereignis, bei dem man nicht kleinlich erscheinen mag. Der Tisch muss mit einer Vielzahl von Schüsseln und Platten geradezu bedeckt sein. In vielen Fällen wird der Hausherr oder die Hausfrau sich bemühen, selbst die Teller der Gäste zu füllen. Ist das nicht der Fall, wird man aufgefordert, sich zu bedienen. Es ist dann höflich, wenn man zögert, sich etwas auf den Teller zu legen. Erst wenn man mehrfach aufgefordert worden ist, kann man zulangen. Hat man selbst Gäste aus dem Orient bei sich eingeladen, muss man diese Sitte berücksichtigen. Wenn man nur einmal auffordert, sich zu bedienen, wird das als ungastlich angesehen, da die orientalischen Gäste dann nichts zu sich nehmen werden. Solch eine Zurückhaltung hängt also nicht unbedingt mit der Unsicherheit hinsichtlich der rituellen Reinheit der angebotenen Speisen zusammen, sondern ist nichts anderes als höfliche Zurückhaltung. Man sollte also deutlich darauf hinweisen, dass es sich nicht um Schweinefleisch handelt und immer wieder zum Zulangen auffordern. Wird man von den Gastgebern bedient, muss man sich auf eine Erfahrung gefasst machen, die meine Frau bei ihrem ersten Besuch in Ägypten machen musste: Wir waren zum Iftar, dem Fastenbrechen, am Abend eines Fasttages im Monat Ramadan bei einem bekannten Journalisten in Kairo eingeladen. Ihr wurde der Teller reichlich gefüllt. Da wir den ganzen Tag nichts gegessen hatten, begann meine Frau, zur Freude der Gastgeber mit gutem Appetit zu essen. Wir alle haben in unserer Kindheit gelernt, dass man seinen Teller leer zu essen hat. So versuchte sie denn gegen die Mengen von Huhn und Lamm, Reis und Gemüse anzuessen. Doch kaum hatte sie eine Schneise in die Gebirge von Speisen geschlagen, wurde ihr schon wieder etwas auf den Teller gelegt. Unverdrossen versuchte sie, ihrer Erziehung entsprechend das Ideal des leeren Tellers zu verwirklichen. Kam sie diesem nur ein wenig näher, wurde ihr schon wieder etwas aufgeladen. Schließlich gab sie diese Versuche auf und legte das Besteck erschöpft beiseite. Was musste sie dann von den hellauf begeisterten Gastgebern hören: „Aber Frau Doktor, Sie haben ja gar nichts gegessen!" Man darf sich also nicht darüber wundern, wenn die Gastgeber einem ständig den Teller füllen, und das Essen einfach einstellen, wenn man gesättigt ist. Man kann im Übrigen sicher sein, dass die großen Mengen an zubereiteten Nahrungsmitteln, kaum dass die Gäste das Haus verlassen haben, von den Kindern und dem in orientalischen Haushalten in vielen Fällen reichlich vorhandenen Dienstpersonal verspeist werden. Heute wird man in der Regel den Tisch mit Messer und Gabel gedeckt finden. Fromme Muslime legen Wert darauf, dass das Besteck nicht aus Silber besteht, sondern aus Legierungen. Der Islam untersagt die Verwendung von Edelmetallen zu praktischen Zwecken. Die heute von islamischen Religionsgelehrten vorgetragene Erklärung für diese Zurückhaltung lautet, wie folgt: Silber und Gold waren die üblichen Zahlungsmittel in der islamischen Welt und decken heute die

Währungen der islamischen Staaten. Wenn man diese Edelmetalle im Alltag gebraucht, kann das der Wirtschaft des Staates schaden und in der Folge die allgemeine Wohlfahrt der Gemeinschaft der Muslime stören. In seltenen Fällen kann es einem jedoch geschehen, dass man mit der Hand essen muss. In solchen Fällen wird man auch nicht auf Stühlen sitzen und an einem Tisch essen, sondern auf dem Boden hocken oder kauern. Wie man sich niederlässt, liegt bei dem Einzelnen. Orientalen sind in der Lage, über Stunden auf den Fersen zu hocken oder mit untergezogenen Beinen zu sitzen, während westlichen Besuchern schon nach kurzer Zeit „die Beine einschlafen". Man sollte bei solchen traditionellen Sitzpositionen darauf achten, dass man seinem Gegenüber nicht die Fußsohlen zuwendet, was als beleidigend gilt. Die Speisen werden zusammen auf einer Decke oder einem niedrigen Tisch serviert. Dann ist es üblich, dass ein Diener oder ein Mitglied des Haushalts vor und nach dem Essen mit einer Wasserkanne, einem Becken und einem Handtuch von Gast zu Gast geht, ihm Wasser über die Hände in das Becken gießt und anschließend das Tuch zum Trocknen der Hand hinhält. Danach kann man auf die entsprechenden mehrfachen Aufforderungen hin mit der Hand nach den Speisen greifen. Falls Fladenbrot vorhanden ist, kann man dieses als einen Besteckersatz benutzen. Es ist aber auch nicht ausgeschlossen, dass einem der aufmerksame Gastgeber die besten Bissen gleich in den Mund steckt. Wichtig ist, dass man ausschließlich die rechte Hand zum Essen benutzt. Muslime sagen, dass nur der Teufel mit der linken Hand isst. Eine andere Erklärung mag sein, dass es unter Muslimen üblich ist, die linke Hand zur Körperreinigung nach der Notdurft zu benutzen. Jeder nimmt so lange von den Speisen, bis er genug gegessen hat. Orientalen essen häufig sehr schnell, ohne sich dabei zu unterhalten. Erst nachdem sie ihren Appetit gestillt haben, beginnen die Tischgespräche. Dabei kann eine Vielzahl von Themen angesprochen werden. Beliebt, weil unverfänglich, sind Gespräche über das Essen selbst oder über religiöse Fragen wie die Gründe für das Alkoholverbot im Islam. Auseinandersetzungen über die Unterschiede oder gar die Vorzüge der verschiedenen Religionen sollte man auf jeden Fall vermeiden. Auf die entsprechenden Gemeinsamkeiten hinzuweisen gilt dagegen als Zeichen von guter Erziehung. Auch die Behandlung von politischen Themen sollte bei einem Essen tunlichst vermieden werden. Die Verbissenheit, mit der unter Umständen politische Standpunkt vertreten werden, kann zu Spannungen unter den Gästen führen, die dem guten Gelingen des Zusammentreffens und einer allen angenehmen Stimmung nicht förderlich sind. Beliebt sind dagegen Diskussionen über literarische Themen, das Können dieses oder jenes Dichters, was dann häufig zu einem Rezitationswettbewerb zwischen den verschiedenen Teilnehmern des Mahles führen kann. Bei solchen Gelegenheiten schwingt noch das alte orientalische Ideal des umfassend gebildeten Mensch nach, der sich über die verschiedensten Themen auf witzige und anregende Weise unterhalten kann. Viele derartige Gespräche enden mit dem Erzählen von Witzen. Spätestens dann sind alle Anwesenden in einer angenehmen, heiteren Stimmung. Arbeitsessen, wie sie sich in westlichen Ländern immer größerer Beliebtheit erfreuen, sind in den Ländern des Nahen und Mittleren Ostens bisher kaum üblich. Diese Treffen können aber in ihrer Funktion natürlich insofern über den reinen Unterhaltungscharakter hinausgehen, als sich bei ihnen in einer entspannten Atmosphäre Menschen kennen lernen, die bei einer späteren Gelegenheit beruflich miteinander zu tun haben. Nach dem Essen wird Kaffee serviert. Dabei wird zwischen zwei unterschiedlichen Zubereitungsarten unterschieden, dem Kaffee, der bei uns als Türkischer Kaffee bekannt ist, bei dem Wasser, Kaffeemehl und Zucker gemeinsam gekocht werden und der aus einer langstieligen Kanne in Tassen mit Henkeln serviert wird, und dem bitteren Arabischen Kaffee, der in kleinen Mengen aus den bekannten Schnabelkannen in kleine, spitz zulaufende, henkellose Tässchen geschüttet wird. In der Regel wird man genötigt, drei von diesen Tassen zu trinken. Man wehrt sie ab, indem man die Tasse aus dem Handgelenk heraus schnell hin und her bewegt. Wenn der Kaffee serviert wird, bedeutet das das Zeichen für den unmittelbar darauf folgenden Aufbruch der Gäste. Es ist üblich, den Gast bis zur Haustür, möglichst aber bis zu seinem Wagen zu begleiten.

Wenn man bei Muslimen eingeladen war, sollte man bei einer nächsten Gelegenheit eine Gegeneinladung aussprechen. Europäer, die längere Zeit in einem Land des Nahen oder Mittleren Ostens leben, werden solche Gegeneinladungen nutzen, um gleich mehrere derartige Verpflichtungen abzugelten. Dazu können auch Bekannte eingeladen werden, bei denen man in einem eher intimen Rahmen zu Gast war. Wenn man sich kurz in einem Land aufhält, kann man auch in ein Restaurant einladen. Dann muss man allerdings darauf achten, dass einem der Gast bei der Bezahlung der Rechnung nicht zuvorkommt. Muslime, die in Deutschland leben, beklagen häufig, dass sie von Deutschen, die sie eingeladen hatten, keine Gegeneinladung erhalten. Sie meinen daher zu Recht, dass Gastfreundschaft nicht zu den deutschen Tugenden gehört. Muslime würden ihrerseits kaum von sich aus zu einem informellen Besuch ihre früheren Gäste aufsuchen. Es liegt hier also bei den Deutschen, die Initiative zu ergreifen.

„Man kann mit langen Messern kämpfen, aber nicht auf dem Markt"
Verhalten im wirtschaftlichen Kontext

Der bekannte amerikanische Kultur-Anthropologe Clifford Geertz hat einmal festgestellt, dass eines der wenigen gemeinsamen Phänomene der im Übrigen kulturell sehr heterogenen islamischen Welt der Bazar ist. Während in manchen anderen traditionellen Kulturen handwerkliche Tätigkeiten oder der Beruf des Bauern oft in hohem Ansehen stehen und der Beruf des Händlers als unseriös betrachtet wird, ist diese Form des Erwerbs für den Lebensunterhalt unter Muslimen aus vielen Gründen sehr angesehen.

Die Kerngebiete des Islams sind von jeher Regionen gewesen, in denen schon aus geographischen und ökologischen Gründen der Handel für die jeweiligen Volkswirtschaften eine wichtige Rolle spielte. Vor allem der Fernhandel dominierte in diesem Kontext, dessen Routen so weit entfernte Regionen der Erde wie China oder die Städte der westafrikanischen Sahelzone und den mediterranen Raum miteinander verbanden. Der große Reichtum des islamischen Mittelalters und in seiner Folge auch eine bewundernswerte kulturelle Blüte beruhten nicht zuletzt auf den Gewinnen, die aus dem Fernhandel gezogen werden konnten. Die Kaufleute verfügten nicht nur über exzellente Kenntnisse der jeweiligen Marktsituationen, sondern hatten auch schon früh eigene elaborierte Buchungssysteme entwickelt und verwendeten seit dem 9. Jahrhundert sogar Formen des bargeldlosen Kapitaltransfers. Die große Bedeutung des Handels für Muslime war und ist nicht zuletzt im Zusammenhang mit der Lebensgeschichte des Propheten Muhammad zu sehen. Er hatte in seinen jungen Jahren als Kaufmann weite und finanziell erfolgreiche Handelsreisen unternommen, die ihn von seiner Heimatstadt Mekka bis in die syrischen Handelszentren geführt hatten.

Da die Biographie des Propheten ein wichtiges Vorbild für die Lebensgestaltung jedes einzelnen Muslims ist, kann es nicht überraschen, wenn eine Handelstätigkeit für Muslime in Anlehnung an dieses Vorbild eine sehr ehrenvolle Erwerbsart darstellt.

Noch wichtiger ist jedoch die islamische Vorstellung von „Gott als dem großen Rechner". Nach weit verbreiteter islamischer Anschauung notiert Gott die guten und die schlechten Taten der Menschen in großen Kontobüchern, wobei gute gegen schlechte Taten aufgerechnet werden können. Diese Vorstellung hat dazu geführt, dass der bekannte französische Orientalist Maxime Rodinson den Islam als eine „Händler-Region" bezeichnet hat. Die Bedeutung des Handels und des Händlers für die islamische Kultur könnte kaum prägnanter zum Ausdruck gebracht werden.

Das aus dem Persischen stammende Wort Bazar (arabisch: Suq, türkisch: Carci) bezeichnet zunächst einmal einen permanenten oder periodisch stattfindenden Markt, dann aber auch einen überbauten größeren Bezirk in jeder Stadt, der von den Wohnquartieren getrennt ist. In ihm finden sich nach Branchen geordnet zahlreiche Ladengeschäfte und Produktionsbetriebe, in denen man die verschiedensten Dinge, vom Fingerhut bis zum Fernseher, von Teekannen bis zu Textilien und Teppichen, vom Parfüm bis zu Plastikschuhen und vom Schaukelpferd bis zu Schmuck in jeder Preislage käuflich erwerben kann. Häufig sind die Bazarbezirke überdacht und bilden ein großes einheitliches Gebäude mit zahlreichen Gassen, die ein für einen fremden, westlichen Besucher unübersichtliches Gewirr bilden. Die einzelnen Berufsgruppen sind traditionell in den mittelalterlichen deutschen Zünften vergleichbaren Korporationen organisiert, die Mindestpreise festlegen können, um einen allzu ruinösen Wettbewerb zu verhindern. Durch eine entsprechende Ausbildungspolitik sorgen sie auch dafür, dass die Zahl der Mitbewerber einer bestimmten Branche nicht zu groß wird. Da die Geschäfte der verschiedenen Branchen alle nebeneinander liegen, können die Kunden Preise und Qualitäten der Angebote leicht miteinander vergleichen. Da gegenwärtig in einer Vielzahl von Staaten des Nahen und Mittleren Ostens die allgemeine wirtschaftliche

Lage von krisenhaften Entwicklungen gekennzeichnet ist, kann man nicht immer sicher sein, dass die Gegenstände oder Produkte, die ein Besucher gerade kaufen will oder benötigt, auch tatsächlich im Angebot zu finden sind. Das gilt natürlich vor allem für Importwaren wie langlebige Konsumgüter, die selbstverständlich auch auf dem Bazar angeboten werden. Ebenso werden lokale Handwerkserzeugnisse unter Umständen nur zu einem bestimmten Zeitpunkt angeboten. So findet man Körbe, Strohmatten oder Siebe nur zu Jahreszeiten, in denen das Rohmaterial dafür vorhanden ist und die Hersteller auch Zeit haben, die entsprechenden Dinge zu produzieren. Ein Einheimischer wird und auch der Tourist sollte also bei bestimmten vom Markt und von der Jahreszeit abhängigen Angeboten immer gleich zugreifen, auch wenn kein aktuelles Bedürfnis nach diesem einen Handelsgut besteht.

Die einzelnen Gewerbezweige sind in den verschiedenen Bazaren ähnlich angeordnet. Den Mittelpunkt des Bazars bildet eine große Moschee, häufig die Hauptmoschee der Stadt, in der das Freitagsgebet abgehalten wird. In der unmittelbaren Nähe der Moschee haben häufig Buch- und Devotionalienhändler, Drogisten und Parfümhändler, Juweliere und Textilhändler ihre Geschäftslokale. Ihnen folgen Schneider und Schuhmacher, Geschäfte für bestimmte Lebensmittel wie Hülsenfrüchte und Konserven, denen sich die Gemüsegeschäfte anschließen. Am äußeren Rand des Bazars finden sich schließlich Metzger, Gerber, Färber, Schreiner und die verschiedenen Metall verarbeitenden Branchen. Diese räumliche Anordnung hat weniger mit einer religiös oder sozial bedingten Hierarchie der einzelnen Gewerbezweige zu tun. Eine Bewertungsskala der verschiedenen Berufe kennt auch die islamische Tradition. Sie folgt jedoch anderen Kriterien. An ihrer Spitze stehen nach islamischem Verständnis selbstverständlich all jene Berufe, die mit der Religion und ihrer Praxis im Zusammenhang stehen. Ihnen folgen verschiedene andere berufliche Tätigkeiten, die dem intellektuellen Bereich zugeordnet werden können. Handwerke, deren Arbeit weder mit Lärm noch mit Geruchsbelästigung verbunden sind, stehen ebenfalls hoch in der islamischen Werteskala der Berufe. Berufe, die mit Schmutz und

Krach verbunden sind, rangieren dagegen weiter unten, auch wenn die Verdienstmöglichkeiten in ihnen vielleicht besser sind. In dieser Hierarchie des öffentlichen Ansehens rangieren auch die Gold- und Silberschmiede weit unten. Das hängt mit der Tatsache zusammen, dass der Islam den Gebrauch von Edelmetallen als persönlichen Schmuck oder ihre Verwendung bei Gebrauchsgegenständen nicht gerne sieht. Gleiches gilt auch für die Verwendung von Brokatstoffen. Die Tatsache, dass man dennoch Goldschmiede im Bazar häufig in der Nähe der Moschee findet, zeigt, dass mit dem Standort der einzelnen Gewerbezweige noch keine Aussage über deren Position in der Wertehierarchie getroffen wurde. Vielmehr liegt dieser Ordnung ein praktisches Prinzip zugrunde. Die Gassen, die in den Bazaren als Verkehrswege für die Käuferströme genutzt werden, sind oftmals so schmal, dass zwei Personen eben aneinander vorbeigehen können. Da die Angebote der Waren teilweise in den öffentlichen Verkehrsbereich hineinragen, werden die Gassen für die Kunden und Passanten noch weiter eingeengt. Der Transport von Waren gestaltet sich in solchen Abschnitten des Bazars verständlicherweise sehr schwierig. Wenn die Materialien und die umfänglichen Produkte von Schreinern oder Schmieden immer wieder durch diese engen Gassen transportiert werden müssten, käme es zu ständigen Behinderungen. Ihre Platzierung in den Randbezirken der Bazare ist angesichts der erschwerten Transportmöglichkeiten einfach sinnvoller. Auch der Standort von Gewerben an der Peripherie, die Lärm und Schmutz verursachen, dient dem Schutz der Bevölkerung vor den von ihnen ausgehenden Emissionen. Da bei einigen Handwerkern mit offenem Feuer gearbeitet werden muss, besteht in den Bazaren immer auch eine erhebliche Brandgefahr. Wenn ein Feuer ausbricht, besteht die Sorge, dass der gesamte Bazarbezirk in Mitleidenschaft gezogen wird. Heute wie auch schon in der Vergangenheit gibt es daher Vorschriften bezüglich der Höhe der Essen und Schornsteine, der Form der Abwasserentsorgung bis hin zur entsprechenden Berufskleidung. Schon in frühester Zeit wurde durch die Vertreter staatlicher Institutionen dafür Sorge getragen, dass die entsprechenden Anordnungen durch von ihnen beauftragte Personen auch durchgesetzt wurden. In weniger elaborierter Form findet man diese Marktaufsicht auch heute noch. Sie sorgt vor allem für einen reibungslosen und nicht von Hindernissen gestörten Verkehrsfluss der Kunden und Lieferanten. Dass die Staatsmacht dabei jedoch nicht immer konsequent vorgeht und es von Zeit zu Zeit mit der formalen Demonstration ihrer Anwesenheit bewenden lässt, konnten wir in den späten achtziger Jahren einmal im Suq Hamidiyya in Damaskus, einem der größten Bazare des Landes, beobachten. Die Hauptachse dieses Bazars ist so breit, dass Zulieferungen auch mit kleinen Lastkraftwagen erfolgen können. Mitten auf diesem mit Kopfsteinpflaster befestigten Weg pflegen ambulante Händler ihre Waren auszubreiten. Häufig legen sie ihr Angebot auf einer Decke oder einem Kelim-Teppich aus. Oft entspricht ihr Angebot in Teilen dem in den benachbarten fest etablierten Ladengeschäften. Im Laufe des Vormittags geht einmal ein junger Polizeioffizier diese Straße gemessenen Schritts entlang. Er bewegt sich dabei genau auf der Mittellinie der Straße. Sein Schritttempo ist so bemessen, dass die fliegenden Händler Gelegenheit haben, ihre ausgebreiteten Waren zusammenzuraffen und auf die Seite zu gehen. Hat jemand die herannahende Staatsmacht nicht bemerkt, weil er zu sehr in ein Gespräch oder das Feilschen um den Preis vertieft war, wird er durch einen Fußtritt zur Eile und zum nötigen Respekt aufgefordert. Unmittelbar hinter dem Polizisten werden die Waren wieder ausgebreitet. Der Anblick, der sich dem Beobachter bietet, erinnert durchaus an die La-ola-Wellen in den heimischen Fußballstadien. Der Vorgang ist symptomatisch für das Verhältnis von Bazarkaufmannschaft und Staatsautorität. Da die Bazarkaufleute in ihrer Gesamtheit über eine beträchtliche ökonomische Macht verfügen, stellen sie auch einen nicht zu unterschätzenden Machtfaktor im politischen Spiel der Staaten des Nahen und Mittleren Ostens dar. Wenn sie ihre Läden schließen, ist das ein untrügliches Zeichen für eine dramatische politische Entwicklung. Die häufig autokratischen Machthaber müssen also auf diese Gruppe Rücksicht nehmen. Andererseits verfügt der Staat über das größere Machtpotential. Dies wird durch den Auftritt des Polizisten dokumentiert und von den Bazarkaufleuten durch ihr Verhalten anerkannt. Insofern ist das tägliche Schauspiel im

Bazar von Damaskus von bemerkenswerter politischer Symbolik.

In der Regel sind die Angebote auf den Bazaren nicht mit Preisschildern ausgezeichnet. Man muss den Preis also jeweils erfragen. Damit ergibt sich das, was von europäischen Beobachtern als eines der angeblichen typischen Kennzeichen orientalischen wirtschaftlichen Verhaltens bezeichnet wird: das Handeln oder Feilschen um den Preis. Zunächst einmal ist bei dieser unerschöpflichen Thematik von Bedeutung, dass das Aushandeln eines Preises von den Menschen in der Welt des Nahen und Mittleren Ostens unabhängig von deren gesellschaftlicher oder wirtschaftlicher Position nicht als etwas Unschickliches oder Unseriöses angesehen wird. Vielmehr wird es auf allen gesellschaftlichen Ebenen als ein ganz normaler Vorgang des täglichen Lebens angesehen. Auch das islamische Recht hat sich mit der Frage beschäftigt, ob ein Kaufmann verschiedenen Kunden unterschiedliche Preise für die gleiche Ware berechnen darf. Die Rechtsgelehrten kommen zu dem Ergebnis, dass es zwar besser sei, wenn der Händler von allen seinen Kunden den gleichen Preis für die gleiche Ware verlangt. Er verstößt jedoch nicht gegen die Vorschriften der Religion, wenn er im Vorgang des Feilschens versuche, einen guten Profit zu erreichen, wie es auch dem Kunden gestattet sei, das Geschäft zu einem für ihn möglichst günstigen Preis abzuschließen. Beide Seiten müssten jedoch vermeiden, dass der andere wegen seiner mangelnden Marktkenntnisse übervorteilt werde. Solch ein Verhalten grenze an Betrug und Ausbeutung und sei daher verboten. Hier mag der Grund dafür liegen, dass man in manchen Fällen nach dem Abschluss des Kaufs von dem Händler ein Geschenk erhält. Es mag sein, dass der fromme Mann den Gewinn, den er bei diesem Geschäft macht, als zu groß empfindet und durch das Geschenk eine Versündigung zu vermeiden sucht. Vielmehr wird das Feilschen auf allen gesellschaftlichen Ebenen als ein ganz normaler Vorgang des täglichen Lebens angesehen. Natürlich ist auch unter Deutschen das Handeln um die Preise nichts Ungewöhnliches, vor allem dann, wenn es sich um größere Summen handelt. Man denke zum Beispiel an die Praxis, Kunden, die mit einer Kreditkarte zahlen wollen, einen Nachlass anzubieten. Bei uns aber ist die Selbstverständlichkeit dieses

Marktverhaltens sehr viel geringer ausgeprägt. In den modernen Vierteln von Städten des Orients bieten die Geschäfte mit ausgezeichneten Festpreisen ihre Waren an, und in einem Shop eines internationalen Hotels um den Preis einer internationalen Zeitung zu feilschen, ist fehl am Platz. Das Aushandeln von Preisen ist im Übrigen im Orient auch nicht nur auf den Bazar und auf seine traditionellen Verkaufsformen beschränkt und vollzieht sich auch in allen anderen Bereichen des Geschäftslebens und darüber hinaus in sozialen Abläufen. Man kann um die Höhe einer Geldstrafe mit einem Polizisten handeln oder mit dem Richter um die Dauer einer Gefängnisstrafe. Selbstverständlich handelt man auch die Höhe des Brautpreises aus, feilscht um die Dauer des Urlaubs usw. Angesichts der in allen gesellschaftlichen Konstellationen verbreiteten Neigung zum Handel ist es nicht überraschend, wenn Muslime, die für längere Zeit als Arbeitsemigranten oder für kürzere Zeit als Touristen nach Westeuropa kommen, versuchen, diese Praktiken hier ebenfalls anzuwenden. Dabei ergibt sich zwangsläufig eine ganze Reihe von kulturbedingten Missverständnissen. Das System der Festpreise muss von ihnen zunächst einmal verstanden werden. Nicht viel anders verhält es sich auch in verwaltungstechnischen oder gerichtlichen Zusammenhängen.

Mancher europäischer Beobachter fragt sich angesichts des weit verbreiteten Feilschens um Preise, nach welchen kalkulatorischen Überlegungen in den Bazaren vorgegangen wird. Sicher ist, dass bei den Überlegungen der Bazarhändler hinsichtlich der in einem Ladengeschäft entstehenden fixen Kosten Miete, Elektrizität, Telefon u. ä. nicht im Vordergrund der kaufmännischen Überlegungen stehen. Diese sind in der Tat in vielen Fällen sehr niedrig, da es sich bei den Läden z. B. um das Eigentum Frommer Stiftungen handelt. Die in den Stiftungsurkunden unter Umständen vor hundert oder zweihundert Jahren festgesetzte Pacht hat sich nicht mit der jeweiligen Inflation gesteigert, weil zur damaligen Zeit Inflationsklauseln kaum üblich waren. Auf die Kosten für die Arbeitszeit wird gar keine Rücksicht genommen. Die allgemeinen Bedürfnisse der Händler und ihrer Familien sind in vielen Fällen sehr gering. Ins Gewicht fallen dagegen vor allem die

Gestehungs- oder Einkaufskosten, die möglichst mit einem Gewinn wieder hereinkommen müssen. Falls aus einem Geschäftsvorgang ein Verlust entsteht, hofft man, diesen bei dem nächsten Kunden wieder ausgleichen zu können. Solche Überlegungen mögen in einem Bazar in Syrien oder in Nordafrika angemessen sein. Versuchen Türken oder Iraner sich in Deutschland geschäftlich zu etablieren, kann diese „Bazarmentalität" allerdings zu einer wirtschaftlichen Katastrophe führen.

Wie alles hat in den Ländern des Nahen und Mittleren Ostens auch der Verlauf eines Handels seine Rituale. Diese können auf ein Minimum reduziert werden, wenn es sich um Kunden und Händler handelt, die sich schon länger kennen, zwischen denen eine gute Vertrauensbasis besteht und die auf intensive Geschäftsbeziehungen verweisen können. Auch bei dem Erwerb von Lebensmitteln des täglichen Bedarfs kommt es in den seltensten Fällen zu langem Feilschen. In manchen Staaten sind die Preise für Nahrungsmittel staatlicherseits festgelegt. Die Einhaltung der vorgeschriebenen Preise wird auch durch die Behörden überwacht. Wo es keine festgeschriebenen Preise gibt, kennen die einheimischen Hausfrauen die übliche Preisgestaltung natürlich genau. Einem sich länger in einem orientalischen Land aufhaltenden Europäer oder gar einem Touristen wird allerdings in der Regel ein höherer Preis abverlangt. Es ist daher nicht falsch, die Einkäufe durch einen Einheimischen erledigen zu lassen, auch wenn er eine kleine Provision für sich beansprucht. Andererseits entgeht einem in diesem Fall manche interessante Erfahrung und eine tiefere Einsicht in das Leben der orientalischen Welt.

Vor einer ganz anderen Situation stehen Händler und Interessent, wenn Kunden neu in ein Geschäft kommen, die sich auf die Empfehlung eines gemeinsamen Bekannten berufen können. In diesem Fall werden beide Seiten in einem längeren Gespräch herauszufinden versuchen, was man vom jeweils anderen zu halten hat, ehe man in die eigentlichen Geschäftsverhandlungen eintritt. Der schon zitierte Clifford Geertz meint, dass das wichtigste auf dem Bazar der Austausch von Informationen sei, da weder Händler noch Kunden über die Marktsituation für bestimmte Produkte genau im Bilde seien. Daher versuche jeder herauszufinden, was die jeweils angemessenen Preise sind. Man kann allerdings davon ausgehen, dass ein Händler genau weiß, was der Mindestpreis ist, den er für sein Angebot erzielen muss, um keinen Verlust zu machen. Ratschläge in Reiseführern, Dinge, die man besonders attraktiv finde, nur beiläufig zu betrachten, um seine Ausgangsposition in der Auseinandersetzung um den Preis nicht zu verschlechtern, mögen in einigen Fällen richtig sein. In der Regel erfassen die Händler jedoch sehr schnell die Vorlieben ihrer Besucher und sind auch in der Lage, bestimmte Kundentypen in ihrem Kaufverhalten einzuschätzen. Sie sind heute in vielen Fällen durch Telefon, Fax und ähnliche Informationsmittel über die wirtschaftliche Situation und über die Attraktivität informiert. Wirtschaftliche Entwicklungen stellen sich ihnen über den eigenen Umkreis hinaus dank der modernen Kommunikationsmittel klar und kalkulierbar dar. Im tiefsten Bazar von San'a kennt man die täglichen Wechselkurse für Dollar oder Deutsche Mark ebenso gut wie an jedem Schalter einer internationalen Bank in Frankfurt am Main.

Die Händler bemühen sich, die vorbeigehenden Kunden zum Eintritt in ihre Läden zu bewegen. Die Fähigkeit, einen Passanten nach seiner nationalen Herkunft einzuschätzen, ist häufig ganz erstaunlich. Man wird in den Bazaren als Besucher vor allem dann angesprochen, wenn man langsam schlendernd und offenbar ohne ein bestimmtes Ziel durch die engen Gassen wandert. Eine entsprechende Kleidung, die sich an die Praxis der islamischen Umgebung anpasst, verhindert unangenehme Ansprachen und Kontakte. Wenn man stattdessen den Eindruck erweckt, dass man die herrschenden Sitten kennt, zu einem bestimmten Ziel unterwegs ist und stetig voranschreitet, ist die Zahl der Versuche, einen Vorübergehenden in einen Laden zu locken, sehr viel geringer. Händler sehen es als durchaus legitim an, Passanten anzusprechen, nehmen es aber auch nicht weiter übel, wenn man ihr Angebot freundlich, aber bestimmt ablehnt. Dass sich ein Interessent zunächst einmal einen gewissen Überblick über das Angebot verschaffen will, wird als klug angesehen. Man kann einen einladenden Ladenbesitzer oder seinen Helfer durchaus vertrösten und ihm versprechen, bei einer nächsten Gelegenheit in seinem Laden vorbeizuschauen. Man darf sich dann aber nicht wundern, wenn man bei einem nächsten Passieren dieses Ladens an sein vielleicht schon lange vergessenes Versprechen erinnert wird. Ist man zum Kauf eines bestimmten Artikels entschlossen und hat sich einen gewissen Überblick über das Angebot auf dem Bazar verschafft, betritt man einen Laden, in dem man das gesuchte Objekt zu finden hofft. Wenn man nach einem ganz bestimmten Stoff, einer speziellen Messingkanne oder einer seltenen Keramikkachel sucht, sollte man durchaus eine Vielzahl von Läden „abklappern" und nur gezielt nach diesem einen Objekt fragen. Findet es sich nicht im Angebot dieses Ladens, kann man sofort weitergehen, ohne dass man irgendwie aufgehalten wird. Unter Umständen wird der Händler oder einer seiner Gehilfen den Kunden zu einem Geschäft begleiten, von dem er weiß, dass das entsprechende Handelsgut dort im Angebot ist. So suchten wir in der ersten Hälfte der siebziger Jahre in Beirut einmal nach einem traditionell hergestellten Tamburin. Der Ladenbesitzer, den wir gefragt hatten, begleitete uns mehrere hundert Meter weit zu einem Geschäft, in dem es diese Instrumente gab. Das geschah nicht nur aus Freundschaft gegenüber seinem Konkurrenten, eine Abmachung über Provisionen war auch nicht zu erkennen. Zunächst war es reine Hilfsbereitschaft, die ihn zu seiner Begleitung veranlasst hatte. Auf dem Weg hatte er uns jedoch darauf aufmerksam gemacht, dass auch er in seinem Geschäft ein attraktives Angebot von Dingen bereithielt, die uns interessieren könnten. Da wir an diesem Tag keine Zeit hatten, mussten wir seine Einladung ablehnen, was mit Verständnis zur Kenntnis genommen wurde. Als wir dann einige Tage später in sein Geschäft kamen, wurden wir schon als alte Freunde begrüßt. Während es sich in diesem Fall nicht unbedingt um ein Touristenzentrum gehandelt hatte, machten wir zwanzig Jahre später im Großen Bazar von Istanbul eine ganz ähnliche Erfahrung, als wir einen Pistazienhändler nach dem Eingang zu einem bestimmten Restaurant am Rande des Bazarbereichs fragten. Er bediente noch einen Kunden zu Ende, übertrug dann seinem Nachbarn die Aufsicht über seinen Laden und brachte uns zu dem gesuchten Restaurant. Da wir bei späteren Besuchen in diesen

Geschäften tatsächlich etwas kauften, konnte der Händler feststellen, dass sich seine zeitliche Investition gelohnt hatte. Diese Hilfsbereitschaft, jemandem, der sich in dem Gassengewirr des Bazars nicht auskennt, weiterzuhelfen, ist allgemein verbreitet und erfolgt ohne direktes wirtschaftliches Kalkül. Wenn ein Passant durch eine solche Hilfeleistung einen Händler kennen und schätzen gelernt hat, ist es nur natürlich, wenn er bei einer anderen Gelegenheit eben diesen aufsucht.

Was der Händler in der Regel nicht beurteilen kann, ist, wieviel ein Kunde für eine bestimmte Ware zahlen will. Hier ist sein psychologisches Geschick gefragt. Er schließt bei dem Abschätzungsprozess von den verschiedensten Indizien her auf die Zahlungsfähigkeit des Kunden. Dazu gehört zunächst einmal dessen äußeres Erscheinungsbild. Handelt es sich um jemanden mit einer deutlich städtisch geprägten, vielleicht sogar kostspieligen Kleidung, geht er in solch einem Fall von einer größeren Kaufbereitschaft aus und setzt daher einen höheren Preis an als bei jemandem, der in seinem ganzen Erscheinungsbild eher auf eine bäuerliche Herkunft schließen lässt. Durch entsprechende Fragen wird der Händler auch herauszufinden versuchen, wie gut die Kenntnisse des Kunden in Bezug auf die Marktsituation sind. Dass dies am ehesten bei einer Tasse Kaffee oder einem Glas Tee geschieht, versteht sich für beide Seiten von selbst. Dabei verbindet sich für den Kunden mit der Akzeptierung des Getränks keinesfalls irgendeine Kaufverpflichtung. Dass ein Händler, der sich einem Touristen gegenübersieht, von dessen Kapitalkraft ausgeht, darf nicht verwundern, sind doch die Kosten, die allein mit einer Flugreise in sein Land verbunden sind, möglicherweise so hoch, wie eins oder mehrere seiner durchschnittlichen Jahreseinkommen. Touristen haben nach dieser Einschätzung Geld genug. Warum sollte man also nicht versuchen, von ihnen einen höheren Preis zu bekommen als von jemandem, der nicht so sehr mit irdischen Wohltaten gesegnet ist. In Zeiten einer allgemein schlechten Wirtschaftslage kann es einem europäischen Touristen durchaus geschehen, dass er mit maßlosen Preisforderungen konfrontiert wird. Der Händler versucht dann bei einem einzigen Kunden den Gesamtgewinn zu machen, der ihm im Verlauf seines von niedrigen Umsätzen gekennzeichneten Tagesgeschäftes nicht möglich gewesen wäre. Man sollte als Tourist in einem solchen Fall durchaus energisch auf die Unsinnigkeit der entsprechenden Forderung hinweisen und den Laden umgehend verlassen. Im Übrigen ist es nur angemessen, wenn man sich dem Händler gegenüber höflich zurückhaltend verhält. Das verhindert auch Anbiederungsversuche und Körperkontakte von dessen Seite. Natürlich bedienen sich die Händler auch des einen oder anderen Tricks, mit dem sie bei einem Kunden den Eindruck eines für ihn sehr günstigen Kaufabschlusses hervorrufen wollen. Solche Versuche werden natürlich nur bei Kunden unternommen, die zum erstenmal in einen Laden kommen und sich nicht auf die Vermittlung gemeinsamer Bekannter berufen können. Bei einigen dieser Verkaufsmethoden sind auf der Verkäuferseite zwei Personen nötig. In der Regel eröffnet ein jüngerer Mitarbeiter, vielleicht ein Sohn oder naher Verwandter des Inhabers, die Auseinandersetzung um den Preis einer Ware. Nach einer gewissen Zeit erscheint dann der Inhaber selbst und unterbricht das Preisgespräch, indem er dem Jüngeren Vorwürfe macht, dass er einen so niedrigen Preis angeboten hat. Anschließend sagt er dann aber: „Auch wenn ich dabei Geld verliere; dieser Preis ist abgemacht worden. Er gilt. Ich verkaufe diese Ware um diesen Preis." Das muss nicht bedeuten, dass es für den Händler tatsächlich zu einem Verlustgeschäft gekommen ist. Man kann im Gegenteil davon ausgehen, dass er einen guten Gewinn erzielen konnte. Der Kunde wird jedoch mit dem erfreulichen Gefühl, einen erfolgreichen Abschluss getätigt zu haben, den Laden verlassen. Bei einer anderen Gelegenheit wird er den Laden dann gerne wieder aufsuchen.

Hält man sich etwas länger in einer Stadt des Nahen und Mittleren Ostens auf oder kommt in kürzeren Abständen mehrmals dorthin, sollte man versuchen, die gleichen Geschäfte häufiger aufzusuchen. Der Händler wird einen schnell wiedererkennen, herzlich begrüßen und sich erinnern, an welchen Dingen man besonders interessiert ist. Es kann dann durchaus geschehen, dass er einen Kunden, dessen Interessen er kennt, anspricht, wenn er ein passendes Stück aufgetrieben hat. Empfindet er Sympathie für solch einen Kunden, kann es geschehen, dass er ein wertvolles Stück lieber diesem zu einem günstigeren Preis überlässt als einem Fremden oder weniger geschätzten Kunden, auch wenn sich bei diesem ein höherer Preis erzielen ließe. Hat man zu einem Händler guten Kontakt bekommen, weiß der dann um die Kapitalkraft seines Kunden, so dass die Einigung über den Preis schneller vonstatten gehen kann. Ganz ohne einen gewissen „Preiskampf" wird es aber auch bei einer guten Bekanntschaft nicht gehen. Schließlich hat das Handeln auch einen gewissen Unterhaltungscharakter. Es bietet die Möglichkeit zu kleinen Späßen, dem Austausch von Informationen und der Intensivierung der persönlichen Beziehungen. Der gute Kontakt zwischen einem Händler und einem Kunden kann sich auch dahingehend auswirken, dass dem Kunden leicht Kredit eingeräumt wird. Dem islamischen Zinsverbot entsprechend werden im Bazar für diese Kredite keine Zinsen oder Bearbeitungsgebühren verlangt. Häufig ist es für einen Europäer ganz erstaunlich, mit welcher Selbstverständlichkeit Orientalen einem Kunden schon nach kurzer Bekanntschaft große Kredite einräumen. Dass man einen teuren Teppich oder eine wertvolle Metallarbeit mitnehmen kann, ohne eine Anzahlung zu leisten und ohne eine peinlich genaue Überprüfung der Personalien ist recht häufig. Ich erinnere mich an einen Antiquitätenhändler im Bazar von Baghdad, der mir als Studenten eine nicht eben preiswerte Kanne ohne Zahlung überließ und mich lediglich um die Adresse bat, die er sich auf einem kleinen Zettel notierte. Als ich einige Zeit später zu ihm kam, um das wertvolle Stück zu bezahlen, erinnerte er sich kaum noch an den Preis, den wir vereinbart hatten. Er fand es aber auch nicht weiter erstaunlich, dass ich kam, um meine Schulden zu bezahlen.

Das Interesse, persönliche Beziehungen zu einem Geschäftspartner aufzubauen, ist nicht auf den traditionellen Bazarhandel beschränkt. Auch im modernen geschäftlichen Umgang muss ein europäischer Kunde damit rechnen, dass er zum Essen oder in einen der zahlreichen Clubs der nah- und mittelöstlichen Metropolen eingeladen wird. Orientalische Partner sehen solche Einladungen geradezu als eine Verpflichtung gegenüber dem Geschäftspartner an. Es kann sich bei solchen Zusammenkünften durchaus um zeitaufwendige und auf den ersten Blick nicht besonders effektive Veranstaltungen handeln. Während die Europäer aber den Zeitfaktor solcher Treffen in den Vordergrund ihrer Überlegungen und Bewertungen stellen, spielt für die Orientalen das Moment der Verbesserung der interpersonellen Beziehungen zwischen den Partner eine entscheidende Rolle. Sie gehen davon aus, dass man mit einem Freund besser Geschäfte machen kann als mit einem Fremden. Dabei steht auch die Erwartung im Hintergrund, dass ein Freund einem Freund gegenüber sich mit einem kleineren Gewinn zufriedengeben wird und nicht so hart verhandelt wie jemand, den man nicht kennt. Dieses Prinzip funktioniert in der Regel im Umgang untereinander. In der Zusammenarbeit mit europäischen Geschäftspartnern wird diese Erwartung jedoch oft getäuscht. Orientalen ist objektiv bewusst, dass das europäische Wertesystem sich auch im wirtschaftlichen Bereich von dem ihren unterscheidet. Sie werden jedoch durch die tatsächlichen Erfahrungen subjektiv immer wieder schmerzlich berührt. Unsere Vorstellung, dass beim Geschäft die Freundschaft, aber auch die Verwandtschaft aufhört, wird im Nahen und Mittleren Osten stärker als Indiz für die westliche Unmoral und Aggressivität gesehen, als die meisten Beobachter meinen.

Im Übrigen gibt es keine Standardregeln für den erfolgreichen Handel. Interessiert man sich für einen bestimmten Gegenstand und erfragt seinen Preis, erhält man zunächst häufig eine ausweichende Antwort. „Gib, was du willst", kann die Antwort lauten. Wenn man in einem solchen Fall ein Angebot macht, das eindeutig zu niedrig ist, kann der Händler beleidigt sein und auf das Geschäft verzichten. Man sollte als Kunde auf jeden Fall einen Preisvorschlag des Händlers abwarten. Dieses erste Angebot wird in der Erwartung gemacht, dass der Kunde ein deutlich niedrigeres Gegenangebot abgibt. Man hört immer wieder den Ratschlag, das Ausgangsangebot um die Hälfte zu unterbieten, um dann bei einem Abschlag von 30 Prozent gegenüber dem ersten Angebot den Handel abzuschließen. Man kann allerdings davon ausgehen, dass den Händlern diese in Reiseführern verbreiteten Ratschläge auch bekannt sind und sie sich darauf einstellen. Eine Regel, die sich

Kunden im Bazar zu Herzen nehmen sollten, ist, dass man verschiedene Händler nicht gegeneinander ausspielen sollte. Man bringt die beteiligten Händler damit in eine unangenehme Situation, die auch dem eigenen Geschäftsinteresse nicht förderlich ist. Es besteht nämlich, im Gegensatz zu europäischen Gepflogenheiten, einerseits eine gewisse Solidarität der Händler untereinander, die sich in einem solchen Fall gegen den Kunden richten kann. Schließlich haben sie sich ja aus guten Gründen in einer zunftähnlichen Organisation zusammengeschlossen. Von daher sind solche Versuche nicht besonders Erfolg versprechend. Andererseits könnte ein solches Verhalten von dem Händler als der Versuch aufgefasst werden, ihn in seiner professionellen Ehre zu treffen, was er mit dem Abbruch der Beziehungen beantworten müsste. Da aber in der Regel auch Geschäftsbeziehungen im Orient auf Dauer angelegt sind, wäre ein solches Verhalten als unvernünftig einzuschätzen. Darüber hinaus muss ein Händler immer damit rechnen, dass seine benachbarten Konkurrenten darauf achten, zu welchem Preis er die Waren schließlich abgibt. Sollte er die in der entsprechenden Korporation abgesprochenen Preise beträchtlich unterschreiten, muss er mit Sanktionen von Seiten seiner Kollegen rechnen. Für den Kunden sollte gelten, dass er sich vor dem Handel klarmacht, was er selbst als Preis zu zahlen bereit ist. Wenn er sich an diese Vorgabe hält, kann er sicher sein, dass er zumindest für sich mit seinem Handelsergebnis zufrieden sein wird. Hat man sich auf einen bestimmten Preis geeinigt, kann es geschehen, dass der Händler versucht, dem Kunden noch weitere Dinge zu verkaufen. Er geht dabei von der Vorstellung aus, dass durch den ersten Geschäftsabschluss die bei vielen Menschen vorhandene allgemeine Kaufhemmung überwunden ist und er nun um so leichter weitere Einkäufe tätigen wird. Häufig erhält man nach Geschäftsabschluss beim Verlassen des Ladens noch ein kleines Geschenk, das mit dem Ausdruck der Hoffnung überreicht wird, dass der Kunde bald wiederkommt. Viele Händler sehen diesen Abschiedsgruss geradezu als Verpflichtung an. So besuchten wir einmal in den späten achtziger Jahren eine kleine Glasmanufaktur in Jordanien in den Bergen südlich von Amman. Wir waren dorthin in Begleitung eines Freundes gekommen, der uns angekündigt hatte: „Gleich werdet ihr auch ein Geschenk bekommen." Nachdem wir einige schöne orientalische Gläser erstanden hatten, drängten wir auf den Aufbruch, da inzwischen die Dunkelheit hereingebrochen war. Bei diesem hastigen Aufbruch geriet das obligatorische Geschenk wohl kurzfristig in Vergessenheit. Einige Monate später wurden wir jedoch von einem anderen Bekannten angerufen, der einige Zeit später mit unserem Freund ebenfalls in der Glasmanufaktur gewesen war. Er teilte uns mit, dass er für uns noch ein Geschenk von dem Glasbrenner mitgebracht hatte. Dieses brachte er uns später und übermittelte von dem Handwerker den Ausdruck des Bedauerns, dass das Geschenk vergessen worden sei. Wir freuten uns über die Keramikkachel mit der arabischen Kalligraphie „Im Namen Gottes, des Barmherzigen, des Erbarmers" sehr. Auf der Rückseite fanden wir den Hersteller-Aufdruck: Made in Italy. Der internationale Handel findet auch seinen Weg in die kleinsten jordanischen Bergdörfer.

Ist man auf der Suche nach etwas, das nicht üblicherweise zum Sortiment eben dieses Geschäfts gehört und der Händler hat das im Verlauf des Gesprächs in Erfahrung gebracht, kann es durchaus geschehen, dass er einen seiner Helfer zu einem anderen Laden schickt, um die gesuchte Ware zu besorgen und dem Kunden die Suche zu erleichtern. Hier wirkt sich die Zusammenarbeit der Händler in den Korporationen des Bazars für alle positiv aus. Der Kunde spart Zeit, und die Händler teilen sich den bei einem solchen Geschäft erzielten Gewinn. Ein weiteres Indiz für die Zusammenarbeit der Händler zeigt sich im Zusammenhang mit den stets angebotenen Getränken. Häufig haben mehrere benachbarte Händler ein Abkommen mit einem Tee- oder Kaffeeverkäufer. Auf Zuruf bringt dieser ihnen die benötigte Menge der Getränke und erhält dafür monatlich oder wöchentlich eine pauschalierte Geldsumme für seinen Service.

Im Übrigen gibt es bestimmte Tageszeiten, zu denen sich ein Händler mit einem niedrigeren Preis zufrieden geben wird. Wenn man morgens der erste Kunde ist, kann man mit einem günstigen Kauf rechnen, weil dieses erste Geschäft als gutes Omen angesehen wird und der Händler sehr an einem Abschluss interessiert ist. Das deutsche Sprichwort: „Morgenstund' hat Gold im Mund" ist hier also durchaus wörtlich zu nehmen. Auch kurz vor Geschäftsschluss lässt sich oft ein günstiger Preis erzielen, vor allem wenn das Geschäft des Händlers tagsüber wenig frequentiert war. Weniger günstig kann die Mittagszeit sein oder die Zeit kurz vor dem Gebet. Dann hat ein frommer Händler häufig keine rechte Zeit, um sich auf einen längeren Handel einzulassen. Stattdessen verzichtet er unter Umständen auf das Geschäft und überlässt es einem weniger auf die Erfüllung seiner Glaubenspflichten achtenden Konkurrenten. Ebenso ungünstig kann sich der Fastenmonat Ramadan für Einkäufe gestalten. Da in der Regel die Zahl der Geschäfte, die im Bazar geöffnet haben, geringer ist, können die wenigen anwesenden Händler leichter höhere Preise durchsetzen. Häufig sind sie durch die Anstrengungen des Fastens auch so abgespannt, dass sie nur geringes Interesse an einem großen Umsatz haben und eher widerwillig zum Abschluss eines Geschäftes bereit sind. Für bestimmte Branchen ist der Fastenmonat jedoch die Hauptsaison. Zu nennen sind hier vor allem die Hersteller und Verkäufer von Süßwaren. Im Ramadan werden in den islamischen Ländern mehr Zucker, Mandeln, Pistazien, Nüsse, Honig, Datteln und Rosinen zu Konfekt verarbeitet als im gesamten übrigen Jahr. Das entsprechende Angebot auf den Bazaren ist in dieser Zeit also besonders üppig. Der Ramadan ist auch der Monat, gegen dessen Ende die Familie neu eingekleidet wird, wenn die Mittel dafür vorhanden sind. Daher ist dann das Angebot an Kleidungsstoffen und anderen Textilien besonders groß. Der Ramadan ist auch der Monat, in dem man öfters Bedürftige in den Bazaren antrifft, die auf die Großherzigkeit und Freigebigkeit der Händler hoffen. Da man sich in diesem heiligen Monat als Muslim besonders seiner Pflicht gegenüber den Armen bewusst ist, ist diese Hoffnung in den meisten Fällen auch nicht vergebens. Auch der ärmste Gemüsehändler gibt von dem, was er hat.

Gerade im Zusammenhang mit dem Handel kann man einen tiefen Einblick in praktisches islamisches Leben gewinnen und Erfahrungen über die „orientalische Mentalität" machen. Höflichkeit, Zeitbegriff, Lebenshaltung und Gastfreundschaft werden hier praktiziert, zugleich werden die Unterschiede zwischen der westlichen und der orientalischen Lebensweise „auf dem Bazar" in besonderer Weise deutlich.

Literaturhinweise

Clifford Geertz: The Suq, in: Clifford Geertz, Hildred Geertz, Lawrence Rosen: Meaning and Order in Moroccan Society. Cambridge 1979.

Fuad I. Khuri: The Etiquette of Bargaining in the Middle East, in: American Anthropologist 70 (1968).

„Was ist Wahrheit?"
Unterschiedliche Realitätssicht

Die Frage: „Was ist Wahrheit?" hat Pilatus nicht nur zufällig in einer orientalischen Stadt, nämlich in Jerusalem, gestellt. Eine Antwort darauf hat er nicht erhalten. Kaum ein Begriff ist so sehr kulturabhängig wie der der Wahrheit. Wie man die Realität sieht, was man für wichtig und bemerkenswert erachtet, was man davon im Gedächtnis behält, ist von einer Vielzahl von Faktoren abhängig. Zu diesen Umständen gehören sicherlich das persönliche Befinden, Alter, Erfahrung, Stimmung und vieles andere. In Erinnerung behält man einerseits das, was einem ungewöhnlich vorkommt, andererseits aber vor allem das, was man für wichtig hält. Was bedeutsam ist, wird von der Kultur, in der man lebt und aufgewachsen ist, geprägt. Da sich die Kulturen und die von ihnen vermittelten Wertsysteme voneinander unterscheiden, unterscheidet sich auch der Eindruck, den man von der Wirklichkeit hat. Wenn man daher eine subjektiv erlebte Wirklichkeit wiedergibt, kann sich eine derartige Aussage von der einer anderen Person leicht oder erheblich unterscheiden. Das weiß jeder Richter in einem Strafprozess und jeder Polizeibeamte, der einen Unfall aufnimmt. Bei der Art, in der Menschen verschiedener Kulturen mit der Wiedergabe von Erfahrungen der Wirklichkeit umgehen, treten die häufigsten Divergenzen auf. Sie führen im Kulturkontakt oft zu Vorurteilen: „Alle Türken essen Knoblauch", „Alle Italiener haben ein Messer bei sich", „Alle Deutschen schlagen ihre Frauen". Diese Form von nationalen Vorurteilen ließe sich beliebig vermehren. Dass sie einer Überprüfung nicht standhalten, muss nicht weiter betont werden. Dennoch sind sie kaum oder nur schwer abzubauen.

Man kann von Deutschen, die häufiger beruflich mit Muslimen zu tun haben, hören, dass es den Anhängern des Islams von ihrer Religion her erlaubt sei, Nichtmuslime zu belügen. Im Koran und in den Prophetentraditionen als den wichtigsten Quellen des islamischen Rechts lassen sich derartige Freistellungen von der Pflicht zur Wahrheit nicht nachweisen. Ganz im Gegenteil wird vom Koran auf die Wahrheitspflicht eines Muslims gegenüber jedermann hingewiesen. Woher dieses Vorurteil kommt, ist wohl kaum zu ergründen. Die einzige plausible Erklärung für eine solche Einschätzung liegt möglicherweise in einem Vorwurf, der häufig von Sunniten gegenüber ihren schiitischen Glaubensbrüdern erhoben wird. In der schiitischen Form des Islams gibt es das rechtliche Institut der „Taqiyya". Die Schiiten machen bekanntlich nur eine Minderheit von 8–10 Prozent der Weltmuslimbevölkerung aus. Man darf die schiitischen Vorstellungen und Praktiken also nicht verallgemeinern. Bei der „Taqiyya" handelt es sich um folgende Praxis: Schiiten, die sich in einer nichtschiitischen Umgebung aufhalten, dürfen ihren Glauben verleugnen und sich selbst als Sunniten, Christen u. Ä. bezeichnen und die von diesen Religionsgemeinschaften vorgeschriebenen rituellen Praktiken mit vollziehen. Begründet wird dieses Verhalten von den religiösen Autoritäten mit der Notwendigkeit, dass die kleine Gemeinschaft der Schiiten nicht durch den eventuellen Märtyrertod eines Mitglieds geschwächt werden sollte. In der von Sunniten stammenden antischiitischen Polemik wurde seit jeher diese Praxis als die religiös begründete Erlaubnis zur Lüge interpretiert. Entsprechende Vorurteile von Sunniten gegenüber Schiiten sind weit verbreitet und erinnern an ähnliche Einschätzungen, die wir in Europa bei den verschiedenen christlichen Konfessionen und ihrer gegenseitigen Wertschätzung beobachten können. Es ist nicht ausgeschlossen, dass diese negative sunnitische Haltung gegenüber Schiiten von westlichen Beobachtern missverstanden und verallgemeinernd auf alle Muslime bezogen worden ist.

Die Unsicherheit von Orientalen im Zusammenhang mit Zeitvorstellungen ist uns schon im Kapitel über Einladungen begegnet. Sie haben aber oftmals nicht nur Schwierigkeiten mit präzisen Zeitvorgaben, sondern auch bei der Darstellung zeitlicher Abläufe. So erklärte mir vor einiger Zeit ein bekannter iranischer Philosoph das Entstehen des modernen westlichen Kolonialismus mit dem Menschenbild des Existentialismus Sartre'scher Prägung. Dass die zeitliche Abfolge sich genau umgekehrt verhielt und auch die inhaltliche Aussage Sartres zum Kolonialismus anders war, wurde einfach nicht zur Kenntnis genommen.

Aber auch im alltäglichen Kontext trifft man immer wieder auf eine Einschätzung von Zeitdauer, die zur Verwirrung Anlass gibt. Angaben auf Fragen zur Zeitdauer für die Zurücklegung einer Wegstrecke können sehr unterschiedlich sein. Dieses Phänomen zu erklären fällt nicht leicht angesichts der Tatsache, dass es eine traditionelle islamische Historiographie gibt, deren einer Zweig eine ausgesprochene Annalistik ist, also die strikt im Jahresablauf notierte Feststellung von historischen Vorgängen. Wahrscheinlich liegen die geschilderten Unsicherheiten im Zeitbezug in der Tatsache begründet, dass das hohe Maß an Abstraktion, das unserem Zeitbegriff eigen ist, von vielen Menschen im Orient nicht eingeübt werden muss. In den vornehmlich agrarisch geprägten Staaten des Nahen und Mittleren Ostens spielt der Terminkalender und damit die Abstraktion des Zeitbegriffs keine große Rolle. Man verabredet sich ja nicht für eine bestimmte Uhrzeit, sondern für den Vormittag oder zum Mittagsgebet. Dieses findet aber nicht zu einer auf die Sekunde bestimmten Uhrzeit statt, sondern dann, wenn der Muezzin ruft. Häufig sind Zeitangaben jedoch gar nicht präzise gemeint, auch wenn eine genaue Zeit angegeben ist. Wenn einem also erklärt wird, dass der Direktor erst in drei Stunden kommt, bedeutet das nicht, dass man ihn nach dem Verlauf dieses Zeitraums tatsächlich antreffen wird. Die Aussage macht vielmehr deutlich, dass es keinen Zweck hat, auf den Gesprächspartner zu warten, es ein anderes Mal zu versuchen und das Büro zu verlassen. Am deutlichsten wird diese Technik im Zusammenhang mit der bekannten Märchensammlung „Tausendundeinenacht", deren Name ursprünglich darauf hinwies, dass die Königstochter Scheherazade dem König Schahriyar nicht etwa über einen Zeitraum von 1001 Nächten Geschichten erzählt, auch wenn über einen langen Zeitraum Editoren und Herausgeber versucht haben, dieser präzisen Vorgabe zu folgen. Zunächst bedeutet diese Zahl 1001 nichts anderes als eine große, nicht weiter präzisierte Anzahl. Diese Funktion von 1001 lässt sich auch noch an anderen

Beispielen belegen. So gibt es in der Türkei ein Tal der „1001 Kirchen", in dem sich selbstverständlich nicht Kirchen in dieser Anzahl finden. Auch hier soll durch diese Zahlenangabe lediglich allgemein eine große Zahl ausgedrückt werden. In zahlreichen Fällen finden sich in orientalischen Umgangssprachen auch Formulierungen, in denen durch die Wiederholung des Wortes tausend eine erstaunlich große Menge ausgedrückt werden soll. So kann man im Arabischen sagen: „Da waren tausend, tausend Vögel." Auch in westlichen Umgangssprachen gibt es ähnliche Formulierungen. Sie sind jedoch sehr viel variantenreicher und nicht in dem Maße lexikalisiert wie in den orientalischen Sprachen.

In vielen Fällen sehen Orientalen die Realität anders als ein westlicher Beobachter. Die zunächst erstaunliche Divergenz in der Wahrnehmung der Realität mag an einem Beispiel verdeutlich werden, das der amerikanische Kultur-Anthropologe Dale Eickelman berichtet: Er unternahm in den frühen siebziger Jahren eine Feldforschung in einem mittelgroßen Wallfahrtsort in Zentralmarokko. Wie es Anthropologen eigen ist, begann er zunächst die Verwandtschaftsverhältnisse und Genealogien in dem Stadtviertel, in dem er wohnte, zu untersuchen. Er wandte die genealogische Methode an, auf die die Anthropologen besonders stolz sind, weil sie die einzige Methode ist, die sie aus ihrer Wissenschaft entwickelt haben. Die Grenzen dieses Vorgehens wurden Eickelman aber rasch klar. Er befragte einen Nachbarn über seine verwandtschaftlichen Beziehungen zu dem mächtigsten und reichsten Mann des Viertels. Der Informant erklärte, er sei mit diesem Mann verwandt. Auf die entsprechende Nachfrage sagte er, die Frau des Bruders seines Vaters sei eine Cousine dieses Mannes. Auf den Vorhalt, in einem früheren Gespräch habe er gesagt, sein Vater habe keinen Bruder gehabt, entwickelte er eine weitere verwandtschaftliche Beziehung, die aber ebenfalls leicht als falsch abgelehnt werden konnte. Nach einem weiteren vergeblichen Versuch sagte der Mann ziemlich verzweifelt: „Ich muss aber mit ihm verwandt sein; denn er benimmt sich mir gegenüber so, wie man sich einem Verwandten gegenüber benimmt." Verwandtschaft äußert sich also in einem solchen Zusammenhang nicht in der Form einer bestimmten und überprüfbaren Genealogie, sondern in einem ganz konkreten Verhalten. Angesichts dieser Betrachtung von Realität war die ursprüngliche Aussage des Informanten, er sei mit diesem bedeutenden Mann des Viertels verwandt, nicht falsch.

Immer wieder wird die Frage gestellt, warum man von Orientalen auf eine einfache Frage niemals eine einfache Antwort erhalte. Solche Fragen werden vor allem von Menschen gestellt, die auf kurze und präzise Antworten angewiesen sind, wie z. B. im juristischen Bereich. Vorwürfe von Weitschweifigkeit, Erzählungen aus 1001 Nacht und Ähnliches sind dann nicht weit. Die Antwort auf diese Frage mag den einen oder anderen überraschen. Einer der Gründe liegt darin, dass der Antwortende um eine der Wahrheit entsprechende Antwort bemüht ist. Durch eine umfangreiche, alle Einzelheiten in Betracht ziehende Ausführung bietet sich die größte Chance für eine korrekte, mit der so erfahrenen Realität übereinstimmende Feststellung. Falls mehrere Personen zusammen sind und alle einer entsprechenden Befragung unterzogen werden, kann man davon ausgehen, dass sie eine ausführliche Unterhaltung über den zu berichtenden Vorgang beginnen werden. Erst nach einer ausführlichen Klärung der verschiedenen Ansichten und einem Abgleichen der unterschiedlichen Versionen mit immer wieder gestellten Rückfragen kommt es dann zu einer Antwort. So ist denn der Feststellung des Bonner Anwalts Hans Dahs, die Realität sei bei Orientalen stets das Ergebnis eines längeren Diskussionsprozesses, durchaus zuzustimmen.

Man kann diesen Vorgang aus europäischer Perspektive durchaus noch nachvollziehen, ohne über nähere Kenntnisse orientalischer Kulturen zu verfügen. Anders ist es mit der angeblichen Unzuverlässigkeit von Orientalen. Dazu sei hier ein Beispiel aus meiner frühesten Erfahrung im Umgang mit Muslimen angefügt. Während meines Studiums in Baghdad Mitte der sechziger Jahre wurde ich in die Familie eines bekannten irakischen Historikers eingeführt. Der Sohn des Hauses, ein ruhiger, ernsthafter Chemiestudent, machte mich bei einigen Rundgängen mit den Sehenswürdigkeit der alten Khalifenstadt bekannt. Wir besichtigten die Überreste alter Paläste und Museen, Zoo und Parks und schlenderten durch Bazare und enge Gassen mit den typischen Alt-baghdader Häusern. Als ich den Wunsch äußerte, auch einmal die berühmten schiitischen Heiligtümer von Kazimiyya, einer nördlichen Vorstadt von Baghdad, zu besuchen, erhielt ich zunächst eine allgemeine Zustimmung. Dann wurde ich darauf hingewiesen, dass ein solcher Besuch nicht ohne Risiko sein könne, weil Fanatiker an der Anwesenheit eines „Ungläubigen" Anstoß nehmen und handgreiflich werden könnten. Mein Vorschlag, mich in die traditionelle Tracht zu hüllen, um zu verbergen, dass ich Europäer sei, wurde ohne sonderliche Zustimmung aufgenommen. Schließlich verabredeten wir uns für den folgenden Tag zu einer bestimmten Uhrzeit. Gespannt und in Erwartung, bald die goldenen Kuppeln von Kazimiyya aus der Nähe sehen zu können, erwartete ich meinen Begleiter. Dass er zum verabredeten Zeitpunkt nicht erschien, war nicht weiter überraschend. Die schwierigen Verkehrsverhältnisse in Baghdad führten immer wieder zu Verspätungen. Als er aber auch später nicht kam und den ganzen Tag nicht erschien und nichts von sich hören ließ, nahm ich sein Verhalten als die Bestätigung des Vorurteils „Araber sind unzuverlässig". Einige Tage später traf ich meinen Bekannten zufällig auf der Straße. Wir begrüßten uns, und ich sprach ihn auf die nicht eingehaltene Verabredung an. Er reagierte darauf mit einer mir damals schwer erklärlichen Mischung aus Verlegenheit, Erstaunen und Ärger, war aber auf meine Bitte bereit, mich einige Tage später nach Kazimiyya zu begleiten. Doch auch dieses Mal erschien er nicht zum verabredeten Termin. So gab ich dann zunächst die Hoffnung auf einen Besuch in dem schiitischen Heiligtum auf. Wenn ich meinen Bekannten später einmal zufällig traf, versuchte er mir auszuweichen oder den persönlichen Kontakt möglichst kurz zu gestalten. Erst viel später ist mir klargeworden, dass aus arabischer Sicht nicht er sich falsch verhalten hatte, sondern ich. Mit meiner Bitte hatte ich ihn in Verlegenheit gebracht. Aus einer Reihe von Gründen fand er es unpassend, dass ich die heiligen Stätten der Schiiten sehen wollte. Was diese Gründe im Einzelnen waren, weiß ich natürlich nicht. Ich hatte ihn in ein ausgesprochenes Dilemma gestürzt. Einerseits konnte er mir als einem Gast meine Bitte natürlich nicht direkt abschlagen. Das wäre gegen alle Regeln des Anstands gewesen. Die Erfüllung meines Ansuchens war aber ebenfalls unmöglich. Seine halbherzige Zustimmung zu einem Besuch und die anschließenden Einwände gegen eine Besichtigung hätten mir ein deutliches Zeichen dafür sein müssen, auf einen Besuch in seiner Begleitung zu verzichten. Das Bestehen auf einer entsprechenden Verabredung musste schon als eine grobe Unhöflichkeit angesehen werden. Anstatt nun aber sein Nichterscheinen als ein eindeutiges Signal für die Unmöglichkeit meines Wunsches zu verstehen, hatte ich die Geschmacklosigkeit besessen, ihn an die geplatzte Verabredung zu erinnern und das Thema erneut anzusprechen. Ich vermute, dass er mein Verhalten als bewusste Provokation oder Beleidigung aufgefasst hat. Auch in einem anderen Zusammenhang habe ich die subtilen Hinweise meines Bekannten nicht verstanden. Als ich ihn einmal unvorhergesehen zu Hause aufsuchte, begrüßte er mich, offensichtlich in guter Stimmung, mit den Worten: „Wir haben Gäste." Da ich keine Anstalten machte, mich zurückzuziehen, führte er mich mit einem kaum merklichen Zögern dann doch ins Haus. Eilig wurde ich an einem Zimmer vorbeigeführt, aus dem ein lebhaftes Gewirr von vor allem weiblichen Stimmen herausdrang, und ich konnte im Vorbeigehen einen kurzen Blick auf eine Anzahl gut gekleideter und sorgfältig geschminkter junger Frauen werfen. Ich selbst wurde in ein Nebenzimmer geführt und mit einer eilige herbeigebrachten Flasche Limonade allein gelassen. Später kam dann der Vater meines Bekannten, unterhielt sich mit mir und schenkte mir gleichsam als Verabschiedung eines seiner Bücher. Heute weiß ich, dass ich offenbar in die Vorbereitungen der Verlobung meines Bekannten mit einer jungen Dame der Baghdader Gesellschaft geplatzt war. Für meine Gastgeber war es unmöglich, mich als völlig Fremden mit der jungen Frau und ihren Schwestern und Cousinen, die teilweise unverheiratet waren, bekannt zu machen. Das hätte dem Ruf aller Beteiligten schweren Schaden zugefügt. Anstatt aus dem Hinweis auf die anwesenden Gäste die Schlussfolgerung zu ziehen, dass mein Besuch ungelegen war, hatte ich wieder einmal mein mangelndes Benehmen unter Beweis gestellt. Dass ich in der Folgezeit nur noch selten Kontakt zu dieser Familie hatte, konnte angesichts dieser Tatsache nicht mehr weiter überraschen.

Zwei der wichtigsten Kriterien im Orient sind der gute Ruf und das Ansehen, das den Umgang der Menschen miteinander bestimmt. Ihm sollte das gesamte Verhalten untergeordnet sein. Materielle Dinge beeinflussen die Beziehungen in viel geringerem Maße. Eine solche Einstellung ist in egalitären Gesellschaften häufig anzutreffen. Dieses Verständnis von Gleichheit der Menschen beruht auf einem der wichtigsten sozialen Prinzipien des Islams. Vor Gott sind nach der Überzeugung der Muslime alle Menschen gleich. Sie unterscheiden sich nur durch ihre Frömmigkeit und den Gehorsam gegenüber seinen Geboten. Ein guter Ruf oder ein Name spielen eine wichtige Rolle in den verschiedensten gesellschaftlichen und politischen Zusammenhängen. Es ist einleuchtend, dass ein guter Ruf in wirtschaftlichen Beziehungen von besonderer Bedeutung ist. Das lässt sich auch in westlich-europäischen Verhältnissen nachvollziehen. Orientalen, die sich zum erstenmal beggnen, versuchen auf subtile Weise herauszufinden, welchen Ruf der Gesprächspartner hat. Das geschieht, indem sie wechselseitig herauszufinden versuchen, welche gemeinsamen Bekannten sie haben. Wenn sich solche feststellen lassen, schließen sie von deren Ruf auf den ihres neuen Bekannten. Das deutsche Sprichwort: „Sage mir, mit wem du umgehst, und ich sage dir, wer du bist", wird im kulturellen Kontext des Islams ständig angewendet. Je mehr Personen von großem öffentlichem Ansehen und tadellosem Ruf jemand näher kennt, desto eher werden in Streitfällen die Positionen des Betreffenden durch die Gemeinschaft akzeptiert und gestützt. Es kommt in solchen Fällen unter Umständen zu einem Wettstreit um die Anzahl der Leumundszeugen. Es handelt sich um eine kulturbedingte Verhaltensweise, die von Muslimen, die in westlichen Ländern leben, sehr häufig auch gegenüber Einheimischen oder staatlichen Institutionen praktiziert wird. Da der gute Ruf einer Person bestimmt, ob sie vertrauenswürdig ist, erlebt man es auch in Westeuropa immer wieder, dass in Konfliktfällen oder bei Gerichtsverfahren von Muslimen eine Vielzahl von Personen benannt werden, die zur Sache nichts weiter sagen können, sondern lediglich den guten Ruf einer der Parteien bestätigen sollen. Das Moment der so verstandenen gesellschaftlichen Egalität führt in manchen Fällen dazu, dass Menschen aus sehr unterschiedlichen gesellschaftlichen Schichten als Leumundszeugen aufgeführt werden. In einem dörflichen oder kleinstädtischen Zusammenhang und innerhalb einzelner traditioneller Wohnviertel, in denen jeder jeden kennt und alle alles voneinander wissen, funktioniert eine solche Praxis recht erfolgreich. Angesichts der auch in vielen islamischen Städten mittlerweile feststellbaren Anonymisierung ist sie allerdings zu einer kaum noch praktikablen sozialen Technik geworden. Solange jedoch in der Praxis keine anderen Modelle entwickelt werden und die Kriterien des gesellschaftlichen Umgangs die gleichen bleiben, wird weiter versucht, die altbewährten Muster im Umgang zu verfolgen.

Doch auch in einer Gesellschaft, in der die Unterschiede zwischen den einzelnen Individuen durch verschiedene institutionelle Techniken möglichst gering gehalten werden, gibt es reiche und arme, mächtige und schwache Menschen. Die Kommunikation zwischen diesen beiden Extremen der gesellschaftlichen Skala ist ein außerordentlich komplizierter Vorgang, der auf allen Seiten mit großer Sensibilität betrieben werden muss. Die tatsächliche wirtschaftliche, politische, selbst intellektuelle Überlegenheit darf der anderen Seite auf keinen Fall deutlich gemacht werden. Auf der anderen Seite sollte auch eine Bitte um materielle Unterstützung nicht direkt geäußert werden. Ausnahme bilden hier nur die „professionellen" Bettler, die aufgrund des islamischen Almosengebots sozusagen einen Anspruch auf eine barmherzige Gabe von einem wohlhabenden Glaubensgenossen haben. Will man dagegen einen Bekannten oder Freund, der in Not geraten ist, materiell unterstützen, sollte man dies nie direkt oder öffentlich tun. Offiziell weiß man ja auch gar nichts von der Zwangslage, in der sich der Bekannte befindet. Man lässt ihm daher vielmehr Geld anonym zukommen. Lebensmittel stellt man vor seiner Tür oder in seinem Hof ab, so dass niemand etwas davon bemerkt. Man kann sicher sein, dass Nachbarn und der Beschenkte selbst zweifelsohne wissen, von wem die Gabe stammt. Die Gesellschaften der islamischen Welt sind von einer ganz erstaunlichen Transparenz. In diesen Gesellschaften beobachtet jeder ständig, aber heimlich jeden. Selbst wenn man um die Mittagszeit durch eine offenbar menschenleere Straße einer orientalischen Stadt geht, kann man sicher sein, dass hinter geschlossenen Fensterläden aufmerksame Blicke einen verfolgen. Da die Anonymisierung der islamischen Gesellschaften noch lange nicht den Grad der westlichen Industriegesellschaften erreicht hat, kann man annehmen, dass ein wirtschaftliches oder persönliches Unglück der Umgebung nicht verborgen bleibt. Der Informationsaustausch und das Verbreiten von Gerüchten gehören zu den allgemein betriebenen Formen des Zeitvertreibs. Da eine gute Tat nach außen hin anonym erfolgt ist, hat man dem Empfänger geholfen, in seinem äußerlichen Unglück nicht auch noch sein Gesicht oder soziales Ansehen zu verlieren. Dieses Prinzip wird häufig als ebenso wichtig angesehen wie die Unterstützung selber. Gerade weil der Austausch von Geschenken und Hilfeleistungen in traditionellen Gesellschaften auf Reziprozität angelegt ist, ist eine einseitige Hilfe so schwierig zu bewerkstelligen, wenn klar ist, dass eine Seite sich nicht durch eine Gegenleistung erkenntlich zeigen kann. Geschieht die Hilfe formal anonym, können alle Beteiligten die tatsächlichen Verhältnisse im offiziellen alltäglichen Umgang miteinander negieren.

Auch eine häufig anzutreffende Institution des gesellschaftlichen Lebens in den Staaten des Nahen und Mittleren Ostens beruht im Grunde auf dem Bemühen, gesellschaftliche Unterschiede, aber auch Konflikte zwischen Einzelpersonen möglichst wenig zum Tragen kommen zu lassen. Es ist die Einrichtung des Vermittlers oder der Vermittlung (arabisch: Wasta). Möchte jemand die Unterstützung einer bedeutenden politischen Persönlichkeit für den Erwerb einer Taxi-Lizenz, einer Baugenehmigung oder eines Stipendiums für seinen Sohn, kann er sich nicht direkt an diese Person wenden. Einerseits würde das gegen die Würde des Bittstellers gehen, andererseits könnte es auch den Angesprochenen in die schwierige Situation bringen, den an ihn herangetragenen Wunsch nicht erfüllen zu können. Damit wäre auch sein Ansehen tangiert, was wiederum nicht im Interesse des Bittstellers liegen kann. Der Bittsteller wendet sich daher an eine Mittelsperson mit der Bitte, sich bei der entsprechenden Persönlichkeit für ihn in dem von ihm erhofften Sinn zu verwenden. Er wird sich zu diesem Zweck einen Vermittler aussuchen, mit dem er in nicht zu engen verwandtschaftlichen oder freundschaftlichen Beziehungen steht, der aber auch zu dem Anzusprechenden eine gewisse Distanz hat. Die Wahl wird weiterhin dahingehend ausgerichtet sein, dass der Vermittler über einen guten Ruf und einen gewissen gesellschaftlichen Einfluss verfügt. Häufig übernehmen auch Europäer diese Rolle, wenn sie sich für einen längeren Zeitraum in der Region aufhalten und über eine entsprechende soziale Kompetenz verfügen. Nach dem gesellschaftlichen Verständnis ist die Bitte, die der Vermittler vortragen soll, deshalb kein problematischer Vorgang, weil Bittsteller und Adressat sich nicht direkt austauschen müssen. Der Vermittler wäre für eine Ablehnung der Bitte nicht verantwortlich, gewinnt jedoch bei einem positiven Bescheid für sich selbst auch an gesellschaftlichem Prestige. Ebenso ist es für den Vermittler nicht weiter schwierig, sich mit der Bitte an den Angesprochenen zu wenden, weil er ja nicht für sich selbst spricht, also keine Gefahr besteht, einen Gesichtsverlust hinnehmen zu müssen. Kann die Bitte nicht erfüllt werden, wird der Vermittler darüber informiert. Damit entgeht der Angesprochene seinerseits der Gefahr des Gesichtsverlusts; denn er hat sich ja nicht direkt gegenüber dem Bittsteller äußern müssen.

Die Institution der „Wasta" geht aber weit über die angesprochenen Themen des Alltags hinaus. Eine wichtige Rolle kommt ihr zu im Bereich der traditionellen Lösung schwerwiegender Konflikte. Auch hier steht im Vordergrund der Bemühungen die Vermittlung und damit die Verhinderung einer Vertiefung der bestehenden Spannungen, die zu einer Gefahr für den Bestand der Gesellschaft werden könnten. Da viele Menschen in den Staaten des Nahen und Mittleren Ostens die Erfahrung gemacht haben, dass der Versuch, mit Hilfe traditioneller islamischer oder moderner Gerichte eine Rechtsverletzung zu ahnden, nicht zu einer Beilegung des entstandenen Konfliktes führt, sondern diesen in vielen Fällen noch verschärft, stellt für sie die „Wasta" ein geeignetes Mittel dar, den Frieden wiederherzustellen. Häufig reichen die durch westliches Recht geprägten Verfahrensweisen nah- und mittelöstlicher Gerichte auch gar nicht aus, um aus dem traditionellen Recht entstandene Konflikte zu erfassen. Das geht den in einigen islamischen Ländern parallel zu den modernen Gerichten vorhandenen islamischen Gerichten nicht anders. Auch sie verweisen unter Umständen auf das Gewohnheitsrecht, wenn das islamische Recht keine Lösungs- oder Entscheidungsmöglichkeiten bereithält. Die „Wasta" ist einer der wichtigsten Aspekte dieses Gewohnheitsrechts. Als Beispiel sei hier der Bericht eines einheimischen Anthropologen aus einem Dorf im libanesischen Schufgebirge referiert. Dort war ein Mädchen von seinem Cousin entführt worden, als dieser erfuhr, dass es einen anderen jungen Mann heiraten sollte oder wollte. Nach traditioneller, vom Islam sanktionierter Regel hat ein Cousin väterlicherseits den Anspruch, seine Cousine zu heiraten. In dem geschilderten Fall war er nicht, wie es üblich war, um sein Einverständnis gebeten worden. Mit der Entführung wollte er seinerseits die Heirat mit dem Mädchen erzwingen. Die Allgemeinheit geht in einem solchen Fall davon aus, dass es zwischen den jungen Leuten zu sexuellen Handlungen gekommen ist, wenn sie eine Nacht gemeinsam verbracht haben. Hin und wieder erzwingen junge Leute, die nicht mit der Zustimmung ihrer Eltern zu einer Heirat rechnen können, deshalb durch eine vorgetäuschte Entführung die Legalisierung ihrer Liebesbeziehung. In diesem Fall erstatteten die Eltern des Mädchens und deren Verlobter aber Anzeige gegen den Cousin, so dass der Fall gerichtsanhängig wurde. Die Richter lehnten die Behandlung des Falls jedoch vorläufig ab und verwiesen auf die „Wasta". In langwierigen Verhandlungen zwischen den Parteien verzichtete der Cousin schließlich auf seine Cousine, während die Eltern des Mädchens die Anzeige gegen ihn zurückzogen.

Prinzipielles Moment aller derartigen Vermittlungsversuche ist der Kompromiss. Die gesellschaftliche Erwartung geht dahin, dass jede Seite von ihrer Maximalforderung abgeht und sich der entstandene Konflikt auf diese Weise beilegen lässt. Es mag sein, dass die Herstellung eines vorherigen Zustandes dadurch nicht erreicht wird. Der gesellschaftliche Druck ist jedoch so groß, dass auch gewisse als Verlust angesehene Veränderungen akzeptiert werden müssen. In einen auf westeuropäische Verhältnisse übertragenen Bezug gesetzt, kann es dabei ebenfalls zu Missverständnissen kommen. Das wurde mir einmal deutlich, als ich bei einem Strafprozess als Dolmetscher mitwirkte. Ein libanesischer Asylbewerber war angeklagt, aus einem Großmarkt ein Video-Gerät entwendet zu haben. Er war auch geständig und hatte das Gerät zurückgegeben. Es war ihm nicht verständlich zu machen, dass er zu einer Strafe verurteilt werden sollte. Wieder und wieder sagte er: „Es ist doch kein Schaden entstanden. Das Geschäft hat doch das Gerät zurückbekommen." Er stieß mit diesem Argument bei seinem Richter nicht auf das geringste Verständnis. Der Angeklagte war, nicht zuletzt durch meine Anwesenheit und die ihm ungewohnte, eher familiäre Atmosphäre vor dem Richter des Amtsgerichts, von der Anwendung des Prinzips der „Wasta" ausgegangen. Das Kompromissziel, das er erreichen wollte und auf das er glaubte, Anspruch zu haben, war die Einstellung des Verfahrens. Dass er dieses Ziel nicht erreichte, sah er als ein Abweichen von den Spielregeln der „Wasta" an.

Die Wahrnehmung von Realität ist von einer Vielzahl von Umständen abhängig, die auf kulturellen Erfahrungen und Prägungen, Ausbildung und individueller Begabung beruhen. Die Art und Weise, in der Muslime auf angenehme oder unangenehme Erfahrungen der Realität reagieren, ist ebenfalls kulturabhängig und unterscheidet sich bis zu einem gewissen Grad von der europäischen Art der Reaktion auf den gleichen Vorgang. Während wir auf vielen Dinge, die uns beschämen, mit einer Veränderung der Hautfarbe reagieren, indem wir blass oder rot werden, stellt sich bei Orientalen nicht selten eine spezielle Art des Lachens ein. Das ist besonders dann der Fall, wenn in einem offiziellen Zusammenhang Themen angesprochen werden, die einen intimen oder sexuellen Aspekt haben. Schon die Frage nach dem Familienstand wird als unangenehm empfunden. Das gilt vor allem dann, wenn es sich um ältere Menschen handelt, die noch ledig sind. Die islamische Gesellschaft kennt Junggesellen und alleinstehende Frauen im Grunde nicht. Nicht verheiratet zu sein wird als Makel angesehen, zu dem man sich nicht gerne gegenüber Fremden äußert. So empfinden Muslime es als beschämend, wenn sie bei Behörden die vorliegenden Angaben zu persönlichen Verhältnissen bestätigen sollen, zum Beispiel, dass sie ledig sind, und ihnen dann die Frage vorgelegt wird, ob sie Kinder haben. Es folgt dann in vielen Fällen ein nervöses Lachen und die Bemerkung, dass so etwas doch gar nicht möglich sei. Es darf nicht überraschen, wenn die Frage als Beleidigung der Diskriminierung aufgefasst wird, auch wenn sie in keiner Weise so gemeint war. Ebenso unangenehm ist die Frage an eine schon seit einiger Zeit verheiratete kinderlose Frau, ob sie Kinder habe. Sie wird diese Frage als einen stummen Vorwurf wegen ihrer Kinderlosigkeit auffassen. Erst wenn man auf anderem Weg herausgefunden hat, ob eine Frau Kinder hat, kann man sich als Frau nach diesen erkundigen und erhält dann auch bereitwillig Auskunft. Männer vermeiden dieses Thema nach Möglichkeit. Diese Zurückhaltung männlicher Gesprächspartner gilt allgemein für Themen des familiären Kontextes wie Schwangerschaften und Geburten. So machte ich einmal die Erfahrung, dass ein renommierter tunesischer Kollege eine vor allem für ihn selbst wichtige Verabredung nicht einhielt und sich zunächst auch nicht dafür entschuldigte oder sein Fernbleiben erklärte. Erst auf Umwegen erfuhr ich, dass seine Frau zu diesem Zeitpunkt eine Fehlgeburt erlitten und in kritischem Zustand in ein Krankenhaus eingeliefert werden musste. Seine Entscheidung, an das Krankenbett seiner Frau zu eilen, wäre von jedem in einer westlichen Tradition stehenden Gesprächspartner als richtig angesehen worden. Die Verhaltensnormen machten es ihm jedoch nicht möglich, in einem kurzen Telefonat die Sachlage zu schildern oder kurze Zeit später zu erklären. Erst etliche Monate nach dem Ereignis entschuldigte er sich für sein damaliges Fernbleiben mit der Bemerkung, es habe ein familiäres Problem gegeben.

Literaturhinweise

Dale Eickelman: Moroccan Islam. Tradition and Society in a Pilgrimage Center. Austin 1976.

Lawrence Rosen: Bargaining for Reality. The Construction of Social Relations in a Muslim Community. Chicago 1989.

„Wenn du einen Einäugigen siehst, heb' einen Stein auf"
Gesten und Körperhaltung

Kommunikation besteht nicht nur aus dem Austausch von mündlich oder schriftlich gemachten Äußerungen, sondern auch aus den verschiedensten Haltungen des Körpers und zahlreichen Gesten. Üblicherweise werden zwei Typen von Gesten, unbewusste und bewusste, unterschieden. Die unbewusste, nicht beabsichtigte Kommunikation ist dem Einzelnen nicht klar. Sie gibt aber dennoch bis zu einem gewissen Grad Auskunft über seine innere Disposition und drückt seine Empfindung gegenüber anderen Menschen aus. Diese Gesten unterscheiden sich je nach der Person, die sie ausführt, in Form und Bedeutung. Ein Kratzen am Kopf kann Verlegenheit bedeuten, aber auch Unsicherheit oder Erheiterung. Die richtige Interpretation solcher Gesten ist außerordentlich schwierig. Dazu bedarf es nicht nur einer guten Kenntnis der jeweiligen Kultur, sondern auch einer engen Vertrautheit mit den entsprechenden Personen. Der zweite Typ umfasst Gesten, die eindeutig beabsichtigt sind und mehr oder weniger klare Aussagen darstellen. Man kann in diesem Zusammenhang geradezu von „lexikalischen" Gesten sprechen. In einer Vielzahl von Fällen werden sie nicht einmal von entsprechenden mündlichen Äußerungen begleitet. Sie stehen in ihrer Bedeutung als solche fest und bedürfen keiner besonderen Interpretation. Was in unserer Kultur ein Nicken oder ein Schütteln des Kopfes bedeutet, ist so eindeutig, dass jeder aus dem dazugehörigen kulturellen Umfeld diese Bewegung ohne weiteres versteht. Alle Gesten des zweiten Typs sind kulturabhängig, d. h., sie werden in ihrer korrekten Anwendung, häufig unbewusst, erlernt und unterscheiden sich wie verschiedene Sprachen voneinander. Daher kann es nicht überraschen, wenn derartige Körperhaltungen und Bewegungen in den verschiedenen Regionen der islamischen Welt, ja sogar in den einzelnen Gegenden des Nahen und Mittleren Ostens in unterschiedlichen Bedeutungen und Modifikationen der Ausführung zu beobachten sind. Man wird davon ausgehen können, dass die Mehrzahl der Gesten von allen Bewohnern des Nahen und Mittleren Ostens verstanden werden, unabhängig von ihrer Religionszugehörigkeit. Untersuchungen darüber, ob die Körpersprache von Muslimen sich gegenüber der von orientalischen Christen oder Juden unterscheidet, liegen bisher nicht vor. Es kann aber nicht ausgeschlossen werden, dass manche Gesten bei Muslimen häufiger oder seltener praktiziert werden als bei anderen Orientalen. In einigen Fällen haben vergleichbare Gesten unterschiedliche Bedeutungen. Bei ihrer Anwendung müssen daher gewisse Vorsichtsmaßnahmen eingehalten werden. Man sollte sich als Fremder auf jeden Fall zunächst einmal über die einzelnen Bedeutungen in einer Region, in der man sich aufhält, informieren. Generell kann festgestellt werden, dass der Gestenreichtum in der islamischen Welt, aber auch in vielen anderen südlichen Ländern Europas und des Mittelmeerraumes größer ist als in West- oder Nordeuropa. Die verschiedenen Gesten können eine sehr viel weitergehende Bedeutung und Wirkung haben als vergleichbare mündliche Mitteilungen. Ein Taxifahrer in Beirut kann mit einer einfachen Handbewegung einem Verkehrspolizisten seinen Ärger in viel heftigerer und beleidigender Weise äußern, als das seinem Berufskollegen in Düsseldorf möglich wäre, der dafür einen ganzen Wortschwall benötigen würde, dessen Bedeutung er lediglich mit Gesten unterstreichen kann.

Dennoch kann die Erklärung für den Gestenreichtum der islamischen Welt kaum in einen Zusammenhang mit dem heißen Klima gebracht werden. Dass im Nahen und Mittleren Osten in höherem Maße knappe Handbewegungen verwendet werden, weil man bei Hitze die Anstrengung des Sprechens sparen will und stattdessen einen komplizierten Vorgang mit einer einzelnen Körperbewegung ausdrücken will, ist wissenschaftlich nicht belegt. Häufig handelt es sich bei diesen Gesten nicht um eine einzelne, isoliert vorgenommene Körperbewegung, sondern um eine komplexe Kombination von verschiedenen körperlichen Abläufen, Grimassen und lautlichen Äußerungen. Wenn einzelne Teile aus diesem Gestenspektrum in anderen Zusammensetzungen oder allein verwendet werden, können sie eine völlig andere Bedeutung erhalten. Auch die Intensität und die Geschwindigkeit, mit der die verschiedenen Körperbewegungen ausgeführt werden, können Informationswert haben. Schnelle und heftige Bewegungen drücken in vielen Kulturen Dringlichkeit aus. Gesten haben als Kommunikationsmittel ganz allgemein in der islamischen Welt eine viel wichtigere Funktion als in Westeuropa. In Westeuropa nimmt die Häufigkeit der Gestik eines Sprechers häufig mit dem Maß seiner inneren Erregung zu. In der islamischen Welt gibt die Gestik dagegen offensichtlich weniger Auskunft über die innere Befindlichkeit eines Menschen.

Schon in älteren Reiseberichten wird auf die Unterschiede der verschiedenen Gesten hingewiesen. Da kann man lesen, dass Orientalen den Kopf schütteln und mit dieser Geste ein „Ja" oder eine positive Meinung ausdrücken wollen. Der gegenteilige Fall löst jedoch ein Nicken aus. Zunächst mag diese Feststellung als der Versuch erscheinen, die islamische Welt möglichst exotisch darzustellen. Das einmalige Anheben und wieder Senken des Kopfes aus seiner Normalposition kann tatsächlich eine Ablehnung ausdrücken. Häufig werden dazu jedoch auch noch die Augenbrauen ruckartig einmal angehoben und in die normale Position zurückgeführt. Ergänzt werden diese beiden Gesten durch ein Schnalzen mit der Zunge und ein Verziehen des rechten Mundwinkels. Auf diese Weise kann man eine sehr heftige Ablehnung zum Ausdruck bringen. In Ergänzung dazu wird auch die Hand mit ausgestrecktem Zeigefinger erhoben. Dabei wird dieser Finger heftig hin und her bewegt. Das isolierte Heben der Augenbrauen kann dagegen eine Begrüßung im Vorübergehen bedeuten, wenn man einen guten Bekannten trifft. Bewegt man dagegen den Kopf nach links und hebt ihn dabei an, wird mit dieser Geste die Zustimmung zu einer Frage oder Bitte zum Ausdruck gebracht. Die seitliche Kopfbewegung hat wohl dazu geführt, dass die älteren europäischen Reiseberichte von einem Kopfschütteln ausgingen und die Bewegung im Sinne einer Zustimmung deuteten. Mehrfaches Kopfschütteln drückt Verwunderung aus. Klopft man sich mit dem Zeigefinger mehrfach an die Schläfe oder an die Stirn, bedeutet das nicht etwa einen Hinweis auf mangelnde Intelligenz bei einer in Rede stehenden Person oder als Beleidigung eines Gegenübers, wie wir in einem deutschen Kontext eine solche Geste deuten würden, sondern es geht darum, auf diese Weise die Intelligenz einer Person oder seine Cleverness zum Ausdruck zu bringen. Die gleiche Geste verwendet man aber auch, um bei einer guten Idee seine Bewunderung deutlich zu machen. Eine schraubende Bewegung der rechten Hand gegen den Uhrzeigersinn in der Höhe der Schläfe bedeutet: „Verrückt". Die gleiche Bedeutung hat auch die Geste, bei der die geöffnete Hand, nach hinten gewandt, in Ohrhöhe am Kopf vorbeigeführt wird. Der Daumen der Hand ist dabei vom Kopf abgewandt. Diese Bewegung bringt auch die geringe Bedeutung eines Vorgangs zum Ausdruck. Man kann auf diese Weise jemanden auffordern, die beleidigende Bemerkung eines anderen nicht ernst zu nehmen, weil dieser ja ohnehin verrückt sei. Wenn man mit dem rechten Daumen über die Schneidezähne reibt, bedeutet das: „Nichts da, ich habe nichts." Ist jemandem eine dumme Bemerkung herausgerutscht, beißt er sich als Zeichen der Verlegenheit leicht in den gekrümmten Zeigefinger der rechten Hand. Beißt man sich mit den Schneidezähnen auf die Unterlippe, will man damit seine absolute Verschwiegenheit zum Ausdruck bringen. Legt man den ausgestreckten Zeigefinger der rechten Hand auf das Jochbein unter dem Auge, bedeutet das: „Ich kümmere mich darum" oder „Du muss aufpassen". Schlägt man sich dagegen mit der offenen rechten Hand vor die Stirn, heißt das, dass man etwas völlig vergessen hat. Wenn man den ausgestreckten Zeigefinger mehrmals kurz an die Lippen legt, bedeutet das: „Sei still." Der gestreckte Zeigefinger der rechten Hand längs der Seite der Nase angelegt, während die anderen Finger das Kind bei leicht gesenktem Kopf umschließen, zeigt Verwunderung an. Die gleiche Geste ist bekanntlich in anderer Bedeutung in Deutschland üblich. Hier bedeutet sie ein Nachdenken.

Wenn man bei waagerecht vor dem Körper nach oben gerichteter Handfläche Daumen, Zeigefinger und Mittelfinger zusammenlegt und sie einmal schnell vor dem Körper in vertikaler Richtung hin und her bewegt, signalisiert man seinem Partner gegenüber soviel wie: „Warte eine Minute. Ich komme sofort zu dir." Geht die Bewegung etwas langsamer vonstatten, bedeutet sie soviel wie: „Immer langsam." Das Zusammenlegen der Finger in der beschriebenen Weise kann bedeuten, dass man etwas schön findet oder sagen will: „Gut gemacht." Man kann diese Geste durch ein Zungenschnalzen und durch ein Heben der Augenbrauen zur Unterstützung der Aussage ergänzen. Hält eine Person die Hand mit der Innenfläche nach unten waagerecht vor den Körper, weist in Richtung auf einen Partner und bewegt dann alle aneinandergelegten Finger einmal oder mehrmals in einer schaufelnden Bewegung zu sich hin, bedeutet das für den anderen: „Komm her." In unserer Gesellschaft würde diese Bewegung mehr dem Zuwinken ähneln. Die entsprechende in Deutschland übliche Geste, bei der mit dem nach oben gerichteten Zeigefinger eine Bewegung zum eigenen Körper hin gemacht wird, wird im Nahen und Mittleren Osten nicht verstanden. Bewegt man bei herunterhängendem Arm die Hand nach vorne, will man jemandem damit deutlich machen, dass er einem folgen soll. Diese Bewegung kann auch gegenüber einem Partner in einiger Entfernung durchgeführt werden. Wenn man bei nach unten geöffneter Hand die Finger nach vorne von sich weg bewegt, heißt das soviel wie: „Verschwinde." Wenn man sich mit der flachen Innenhand mehrfach auf das Herz klopft, will man die Richtigkeit einer Feststellung unterstreichen. Das heftige Vorbeistreichen der geöffneten Hände mit den Innenflächen aneinander im Wechsel von Auf und Nieder vor dem Körper, bedeutet die energische Ablehnung eines Vorschlages oder eines Vermittlungsangebots und beinhaltet zugleich den Abbruch der Verhandlungen. Bei der Berührung der Handflächen kann es zu einem klatschenden Geräusch kommen. Mit dem bei uns üblichen in die erhobenen Hände Klatschen macht man dagegen einen Diener oder Kellner auf sich aufmerksam. Die Geste des Händewaschens in Gürtelhöhe vor dem Körper bedeutet: „Ich bin an dieser Sache unschuldig. Es ist zwar furchtbar, aber ich kann nichts daran ändern." Bei einem Streit drohen die beteiligten Parteien einander, indem sie mit zusammengelegten Fingern die Hand mehrmals an der Gurgel vorbeiführen und damit ihre Absicht, jemandem den Kopf abzuschlagen, verdeutlichen. Die gleiche Bewegung kann allerdings auch als eine Warnung verstanden werden: „Lass das. Sonst begibst du dich in große Gefahr." Wenn man mit Daumen und Zeigefinger der rechten Hand einen Kreis bildet und dann diesen Kreis öffnend mit dem Zeigefinger leicht gegen die Kehle schlägt, deutet man damit an, dass man Durst hat. Die gleiche Bedeutung hat das mehrfache kurze Einführen des Daumens in den Mund bei im Übrigen zur Faust geschlossenen Hand. Wenn man dagegen Hunger hat, drückt man mit den Spitzen der aneinander gelegten Finger der rechten Hand, mit der Handfläche nach oben gewandt, seinen Bauch leicht ein. Schlägt man sich mit dem Rücken der rechten in die geöffnete linke Hand, kann man so sein Vergnügen über einen gelungenen Scherz oder einen guten Witz zum Ausdruck bringen. Dieses Gefühl lässt sich auch ausdrücken, indem der rechte Arm so geführt wird, dass der Handrücken zur Erde zeigt. Die Hand wird schnell durch die Luft geschlagen und gleichzeitig mit dem Fuß aufgestampft. Durch mehrfaches Klatschen kann ebenfalls Freude ausgedrückt werden. Diese Geste, wie viele andere, ist im Orient schon in der Zeit vor dem Islam üblich gewesen. Legt man die beiden ausgestreckten Zeigefinger nebeneinander und reibt sie hin und her, bedeutet das, dass sich zwei Dinge ähnlich sind. So sagen Araber mit dieser Geste, dass sich Deutsche und Araber ähnlich sind, wenn sie feststellen, dass im Deutschen und im Arabischen im Unterschied zu vielen anderen Sprachen die Sonne weiblich und der Mond männlich sind. Hakt man die beiden Zeigefinger ineinander, will man damit zum Ausdruck bringen, dass bei einer Versammlung o. Ä. so viele Menschen beisammen waren, dass sie so dicht standen wie die beiden Finger. Macht man mit der Faust der rechten Hand kreisende Bewegungen in der geöffneten linken, bedeutet das etwa: „Ich mache es trotzdem." Wenn man ein Übermaß an Dingen wie Äpfeln, Datteln oder anderen Früchten ausdrücken will, macht man mit der Hand bei losen Fingern eine auf- und niedergehende Bewegung, die ein Wiegen andeutet. Die gleiche Bewegung kann auch verwendet werden, wenn jemand eine positive oder negative Eigenschaft in besonders großem Maße besitzt. Fasst man sich mit Daumen und Zeigefinger beider Hände bei ausgestreckten Fingern an sein Hemd, drückt man ein hohes Maß an Distanz gegenüber einer Vereinbarung oder einer Person aus. Wenn man sich mit der flachen Hand leicht auf die Hosen- oder Jackentasche schlägt, bedeutet das: „Ich habe genügend Geld." Ist das Gegenteil der Fall, stülpt man die entsprechende Tasche um. Schlägt man sich mit der Faust auf das Knie, will man damit seine Bemühung, sich einer Sache wieder zu erinnern, zum Ausdruck bringen.

Zahlreich sind die Ergebenheitsgesten, die man bei bestimmten Gelegenheiten beobachten kann. Sie werden nicht ständig benutzt, sondern nur bei bestimmten Gelegenheiten, bei der ersten Begegnung mit einer Person, zu Festtagen oder offiziellen Anlässen. Der westlichen Praxis vergleichbar kann man tiefe Verbeugungen beobachten. Sie unterscheiden sich von den westlichen Formen dadurch, dass der sich Verbeugende zur gleichen Zeit versucht, sein Gegenüber anzuschauen. Um dies bewerkstelligen zu können, muss er einen gewissen Abstand einhalten und die Hand weit vorstrecken. In diesen Kontext gehört vor allem der Handkuss, den ein Unterlegener einem Ranghöheren gibt. Diese Geste benutzt man vor allem bei einem erstmaligen Kontakt. Sie ist jedoch häufig auch zwischen Kindern und Eltern zu beobachten. Auch herangewachsene oder ältere Kinder drücken so ihren Eltern gegenüber ihre Ehrerbietung aus. Auch Ehefrauen küssen ihrem Mann die Hand, um auf diese Weise ihren Respekt zum Ausdruck zu bringen. Eine besondere Art der Demutsgeste mag auf den ersten Blick gar nicht als solche erscheinen. Bei Empfängen oder anderen gesellschaftlichen Gelegenheiten kann man jüngere oder rangniedere Männer sehen, die plötzlich in der Unterhaltung dem ranghöheren mit Daumen und Zeigefinger ein Stäubchen vom Anzug nehmen wollen. Selbstverständlich ist ein solches Stäubchen, ein Faden oder Ähnliches gar nicht vorhanden. Vielmehr handelt es sich auch hier um eine Ergebenheitsgeste.

Auch der körperliche Abstand, den Menschen voneinander halten, stellt sich in den verschiedenen Kulturen unterschiedlich dar. Wir sind es in Deutschland gewohnt, im Gespräch eine gewisse Entfernung von unserem Gesprächspartner einzuhalten. Wenn er uns zu nahe kommt, empfinden wir das als unangenehm, als bedrängend und weichen zurück, um den alten Abstand wiederherzustellen. Wenn wir dann weiter bedrängt werden, versuchen wir, einem solchen Kontakt ein Ende zu bereiten. Lediglich bei Menschen, denen gegenüber wir eine besondere Sympathie empfinden, können wir diese Distanz überwinden. Gleiches gilt für Körperberührungen. Wir empfinden es als unangenehm, wenn uns jemand die Hand auf die Schulter legt, uns umfasst, auf die Schulter schlägt oder auch nur bei der Begrüßung unsere Hand länger festhält, als es üblich ist. Derartige Berührungen empfinden wir nur als akzeptabel, wenn es sich um eine Person handelt, die uns nahe steht und sympathisch ist. Gerät diese Sympathie aus irgendeinem Grund in Vergessenheit, bemühen wir uns, die zuvor übliche Distanz wiederherzustellen.

In der nah- und mittelöstlichen Welt sind die Körperdistanzen zwischen den Menschen grundsätzlich sehr viel kürzer als in Europa. Man kommt einander näher. Das gilt in der Öffentlichkeit jedoch nur für Menschen des gleichen Geschlechts. Männer und Frauen halten dagegen im öffentlichen Umgang miteinander traditionell einen sehr viel größeren Abstand als die geschlechtsverschiedenen Partner in der westlichen Welt. Das gilt auch für Personen unterschiedlichen Geschlechts, die in einer legitimen und gesellschaftlich akzeptierten Verbindung zueinander stehen. So berichtet die deutsche Ethnologin Westphal-Hellbusch, dass sie in einem Dorf im Südirak einmal ein jung verheiratetes Paar beobachtete, dass außerhalb des Dorfes Hand in Hand einen Weg entlangging. Als sich die jungen Leute dem Dorf auf Sichtweite genähert hatten, ließen sie sich los, und die junge Frau ging die traditionellen fünf Schritte hinter ihrem Mann für den Rest des Weges. Sieht man ein junges oder älteres Paar Arm in Arm in der Öffentlichkeit, kann man damit rechnen, dass sie einer Gesellschaftsschicht angehören, die den Westen und seine Verhaltensweisen positiv beurteilt bzw. die sich ein Flair von Weltläufigkeit geben will. Auf jeden Fall sollte man es als Mann im Orient auch bei offiziellen Gelegenheiten wie Empfängen, Bällen usw. vermeiden, einer Dame die Hand zu küssen. Nach dem Erfolg der islamischen Revolution im Iran ist dort sogar die Begrüßung mit Handschlag zwischen Männern und Frauen in Verruf geraten. Iranerinnen legen zum Zeichen der Begrüßung die rechte leicht gebogene Hand auf die Brust, Männer antworten darauf mit einer leichten Verbeugung oder legen die Hand ebenfalls auf die Brust. Die geringere Körperdistanz und die häufigen Berührungen sind bei Männern untereinander wie bei Frauen untereinander dagegen allgemein üblich. Niemand würde dahinter homosexuelle Neigungen vermuten. Versucht man sich der größeren Nähe zu entziehen, kann ein solches Verhalten als hochmütig und kalt aufgefasst werden. Dass man jemanden im Gespräch mit der Hand berührt, um ein Argument zu unterstützen oder um ihn auf diese Weise auf etwas besonders aufmerksam zu machen, ist geradezu selbstverständlich. Dass mehrere Männer, die sich in einem Restaurant getroffen haben, gegenseitig die Hand wegschlagen, wenn es ans Bezahlen geht, ist allgemein üblich. Auch die dringliche Bitte um Hilfe wird häufig dadurch ausgedrückt, dass der Bittsteller sich bemüht, seinen möglichen Helfer festzuhalten. Dabei wird er möglichst versuchen, ein Kleidungsstück seines Gegenübers zu ergreifen. In hochdramatischen Situationen kann es dabei schon einmal geschen, dass die üblichen Geschlechtergrenzen überschritten werden. Ein solches Erlebnis berichtete mir in den späten siebziger Jahren einmal eine Deutsch-Perserin. Sie war als Dolmetscherin zwei Afghanen zu Hilfe gekommen, die sich in Westdeutschland einen ausrangierten Postbus gekauft hatten. Sie waren kurz nach der Übernahme des Fahrzeugs an einer Stelle, an der das verboten war, links abgebogen, von der Verkehrspolizei angehalten und mit zur Wache genommen worden. Keiner der beiden beherrschte eine europäische Sprache in einem Umfang, dass eine offizielle Vernehmung möglich gewesen wäre. Die Dolmetscherin trat in dieser Situation als „ein rettender Engel" für die Afghanen auf den Plan. Die Polizisten, die die ganze Angelegenheit als eine Lappalie betrachteten, ließen es mit einer mündlichen Verwarnung gut sein, wiesen die beiden Afghanen aber darauf hin, dass sie die entsprechenden deutschen Verkehrsbestimmungen zu beachten hätten. Dazu gehöre auch, dass an bestimmten, durch Verkehrszeichen gekennzeichneten Stellen das Linksabbiegen verboten sei. Anschließend erklärte man ihnen, wie sie den Weg zur nächsten Autobahn fänden. „Sie müssen, wenn Sie vom Parkplatz herkommen, nach links abbiegen", wurden sie angewiesen. Da fasste einer der beiden Afghaner die Dolmetscherin an beiden Revers ihrer Jacke und meinte unter allen Anzeichen der Verzweiflung und Angst, nie mehr nach Hause zu kommen: „Aber meine Herrin, man darf in Deutschland doch nicht nach links abbiegen." Es waren noch einige Bemühungen der Dolmetscherin notwendig, um den genauen Sachverhalt des Linksabbiegens zu klären. Dass der afghanische Busfahrer die üblichen Geschlechtergrenzen überwand, hängt hier nicht etwa mit den größeren Kommunikationsfreiheiten des Westens zusammen, sondern mit der Tatsache, dass er in einer für ihn ausweglosen Situation sich von einer Frau Hilfe zusammen.

Durch Berührungen drücken die beteiligten Personen ihre Sympathie füreinander öffentlich aus. Es handelt sich dabei um die öffentliche Dokumentierung einer besonderen Beziehung. Bestehen solche Beziehungen zwischen Personen noch nicht, versuchen sie, diese auch durch einen Körperkontakt herzustellen. Im alltäglichen Umgang gehen diese Kontaktaufnahmen auf eine höchst zurückhaltende und vorsichtige Weise vor sich. Diese Behutsamkeit ist vor allem dann angebracht, wenn sich ein sozial Rangniederer zu einer ranghöheren Person bemüht oder wenn die sozialen Rangverhältnisse nicht geklärt sind. Es kann sich dann um eine leichte und kaum wahrnehmbare Berührung des Oberarms oder ein leichtes Klopfen handeln, um sich für ein Angebot zu bedanken oder eine Aussage zu unterstützen und auf etwas hinzuweisen. Häufig sehen sich Europäer mit derartigen vorsichtigen Gesten konfrontiert. Geht die Berührung von einer eindeutig ranghöheren Person aus, lässt sich eine derartige Zurückhaltung in der Regel nicht feststellen. Vor allem wenn man stolz ist auf den engeren Kontakt zu einer Person von öffentlicher Bekanntheit oder großem sozialem Ansehen, ist diese Berührung von großer Bedeutung. Man erhält dann in den Augen der Öffentlichkeit einen Anteil an dem Prestige seines Bekannten. Daher deutet die Tatsache, dass sich Männer bzw. Frauen über längere Zeit an der Hand halten oder Hand in Hand spazierengehen nicht in jedem Fall auf eine homoerotische Beziehung hin, sondern zeigt eher eine große Vertrautheit und Freundschaft an.

Die spektakulärsten und historisch am längsten dokumentierten Gesten, die der Nahe und Mittlere Osten kennt, sind solche, die mit Trauerkundgebungen zusammenhängen. Von den „Klageweibern", die gegen Bezahlung lautstarke Trauerbekundungen von sich gaben, lesen wir indirekt schon im Neuen Testament (Mt 9, 23–25). Auch aus frühislamischer Zeit wird von diesem Berufsstand immer wieder berichtet. Der Prophet Muhammad hielt von dieser Art der Trauerkundgebung gar nichts, wie er sich ganz generell gegen jede Form einer übertriebenen Trauer aussprach. Er war der Meinung, dass es für einen Gläubigen, der an die Auferstehung von den Toten glaube, nicht angemessen sei, so zu trauern, wie das in der vorislamischen Zeit auf der Arabischen Halbinsel üblich war, als die Vorstellung von einem Weiterleben nach dem Tode noch unbekannt war. Doch wird auch von ihm berichtet, dass er bei dem Tod eines Freundes Tränen vergossen habe. Ganz haben sich die lautstarken Trauerkundgebungen jedoch von den religiösen Autoritäten nie unterdrücken lassen, auch wenn diese zu so drastischen Mitteln griffen wie der Khalif Omar (634–644). Er schlug mit einer langen Peitsche auf die Klageweiber ein und rief dabei, dass er ihnen einen wirklichen Grund für ihre Schreie geben wolle. Aber auch diese Methode verfehlte ihre Wirkung. Auch heute noch sind dramatische Gesten zum Ausdruck der Trauer vor allem im ländlichen und traditionellen städtischen Kontext besonders unter Frauen durchaus üblich. Die Trauer wird nach außen getragen und der Nachbarschaft vermittelt, indem die Frauen sich unter lautem Schreien mit der offenen oder geschlossenen Hand vor den Kopf schlagen, den Kopf mit beiden Händen halten, sich vor die Brust schlagen. Es kommt auch vor, dass sie mit den Händen gegen einen Baum, eine Mauer oder auch einmal auf ein Autodach trommeln. Selbstverständlich sind auch allenthalben heftige Tränenausbrüche festzustellen. In dieser Situation ist es in vielen Regionen ganz üblich, dass sich Frauen, die üblicherweise einen Schleier oder ein Kopftuch tragen, diese Kopfbedeckung ablegen, ja sogar ihre Brust entblößen. An anderen Orten streuen sich die trauernden Frauen Staub auf den Kopf. Auch im traditionellen Bereich ist ein derartiges Verhalten von seiten der Männer nicht zu erwarten und gilt als völlig unangemessen. Sollte ein Mann auf diese Weise seiner Trauer Ausdruck geben, würde man bei ihm eine zeitweilige geistige Verwirrung annehmen. Von männlichen Trauernden wird eine ernste und gefasste Haltung erwartet.

Freudenkundgebungen werden ebenfalls lautstark zum Ausdruck gebracht. Die mit ihnen verbundene Gestik ist dagegen nicht so variantenreich wie im Fall der Traueräußerungen. Typisch sind die Freudentriller, die Frauen bei erfreulichen und festlichen Angelegenheiten von sich geben. Bei Hochzeiten oder der Geburt eines Sohnes kann man solche Freudentriller weithin durch die Wohnviertel hören. Als typische Gesten in diesem Zusammenhang gelten das mehrfache Händeklatschen, aber auch das leichte Aufstampfen mit dem Fuß, das von einer schnellen abwärtsführenden, schlagenden Bewegung der rechten Hand begleitet wird.

In Unterhaltungen mit orientalischen Gesprächspartnern wird man immer wieder feststellen können, dass der Versuch, einen Augenkontakt mit dem Gegenüber herzustellen, sehr viel häufiger unternommen wird als bei vergleichbaren Situationen in Westeuropa. Auf diese Weise soll besonderes Interesse und eine erhöhte Aufmerksamkeit gegenüber dem Gesagten zum Ausdruck gebracht werden. Dieses Verhalten wird auch und in besonderem Maße geübt, wenn sich mehrere Personen miteinander unterhalten. Dabei spielt auch die soziale Rangfolge in dieser Gruppe eine Rolle. Wenn der ranghöchste Teilnehmer sich äußert, richten sich alle Augen auf ihn. Gleiches gilt auch, wenn es sich um einen europäischen Gast handelt. Privatgespräche zweier Personen innerhalb einer größeren Gruppe sind verpönt. Die deutsche Praxis, nebeneinander zu stehen oder zu sitzen und bei der Unterhaltung vor sich hin zu sprechen, wird als unhöflich angesehen. Die geschilderte Praxis des häufigen Augenkontaktes wird in Gesprächssituationen, in denen ein Mann und eine Frau sich unterhalten, jedoch umgekehrt. Beide Seiten versuchen dann, möglichst aneinander vorbeizublicken. Ein ägyptischer Freund berichtete mir einmal, wie schwer es ihm in der Zeit seines ersten Aufenthaltes in Deutschland gewesen sei, Mitstudentinnen oder andere Gesprächspartnerinnen anzuschauen, wenn er sich mit ihnen unterhielt. Erst als ihm durch eine Assistentin an dem Institut, in dem er studierte, vorgeworfen wurde, er sein unhöflich, habe er dieses Verhalten geändert.

Eine andere Eigentümlichkeit der Körpersprache des Nahen und Mittleren Ostens ist das häufig praktizierte Knacken mit den Gelenkknochen, das von vielen Europäern als sehr unangenehm empfunden wird. Orientalen sind in der Lage, durch entsprechende Bewegungen oder durch ein Ziehen an den entsprechenden Gliedern die Gelenke zum Knacken zu bringen. Manche meiner Bekannten sind sogar in der Lage, durch entsprechende Dehnungsbewegungen Knackgeräusche mit der Wirbelsäule und den übrigen Knochen des Oberkörpers zu produzieren. Diese Form der Körpersprache findet sich in gleicher Weise bei Männern wie bei Frauen. So unangenehm es sich für manchen Ausländer anhören mag, das Knacken bereitet keine Schmerzen und hat auch keine sofort erkennbaren medizinisch beschreibbaren Folgen. Natürlich hat dieses Knacken in vielen Fällen lediglich einen unterhaltenden Aspekt, wenn sich vor allem jüngere Leute bemühen, möglichst gut vernehmbare Geräusche zu produzieren. Besonders häufig kann man das Gelenkeknacken allerdings beobachten, wenn Menschen unter innerer Spannung stehen. Wenn sie bei einem Behördenbesuch auf den Bescheid eines Antrages warten, wenn Studenten in einer der zahlreichen mündlichen Prüfungen sind, wenn sie sich in einer für sie ungewohnten Umgebung befinden, greifen viele Menschen im Nahen und Mittleren Osten zu diesem Mittel, um die innere Anspannung zu lindern. Sie ist dem Wippen mit den Füßen unter Deutschen vergleichbar. Ganz ähnlich ist auch die gesellschaftliche Beurteilung dieses Verhaltens. Vor allem bei Kindern wird das Gelenkknacken nicht gerne gesehen und durch entsprechende Mahnungen unterbunden. Bei Erwachsenen wird es als ungehobelt betrachtet, zugleich aber Verständnis für ein solches Verhalten aufgebracht, weil die Entspannungsfunktion des Knackens allgemein akzeptiert wird.

Literaturhinweis

A. Barakat: Arabic Gestures, in: Journal of Popular Culture 1973.

„Kleider machen Leute"
Islamische Kleidung

Kaum eine Erscheinung im Zusammenhang mit den Äußerlichkeiten der islamischen Kulturen ruft bei westlichen Beobachtern so viele Missverständnisse und Aggressionen hervor wie die Kleidung. An erster Stelle ist diese Reaktion natürlich im Zusammenhang mit der Kleidung der Musliminnen festzustellen. Arbeits- und Verwaltungsgerichte in den verschiedensten europäischen Ländern sind mit dieser Thematik schon befasst worden. Der Umstand, dass muslimische Mädchen mit einem Kopftuch in die Schule kamen, hat in Frankreich zu einem allgemeinen Aufschrei des Entsetzens geführt, der sich zu Befürchtungen vom Ende des Säkularstaates steigerte.

Kleidung ist offenbar mehr als nur ein Hilfsmittel, mit dem sich die Menschen vor den Unbilden der Witterung schützen. Sie hat eine Vielzahl weiterer Funktionen. Im islamischen Mittelalter wurde durch Kleidung oder durch zur Kleidung gehörige Accessoires Religionszugehörigkeit, Mitgliedschaft in religiösen Untergruppen wie mystischen Bruderschaften, aber auch die Ausübung eines bestimmten Berufes ausgedrückt. Auch eine besondere ethnische Zugehörigkeit wurde durch bestimmte Kleidung für den Beobachter kenntlich gemacht. Da die mittelalterliche islamische Gesellschaft sich aus den unterschiedlichsten Bevölkerungsgruppen zusammensetzte, half diese symbolträchtige Unterscheidung bei der gesellschaftlichen Differenzierung. Sie war daher von großer sozialer Bedeutung. Auf ihre Durchsetzung achteten die staatlichen Behörden. Durch Kleidung kann also die soziale oder wirtschaftliche Stellung einer Person zum Ausdruck gebracht werden. Der modebedingte Wechsel von Kleidung kann etwas über das Alter oder den Altersanspruch einer Person sagen. Mit einem bestimmten Kleidungsstück kann eine politische Haltung demonstriert werden. Gerade in Deutschland drückt man heute durch eine bestimmte Art der Kleidung seine ganze Einstellung zum Leben aus. Das Tragen oder Weglassen einer Krawatte kann ein ganzes politisches Programm ersetzen. Freaks, Popper und Yuppies haben ihre eigene, spezifische Weise, sich anzuziehen. Wenngleich vor dem Hintergrund dieses besonderen deutschen und europäischen Verhältnisses zur Kleidung manche Reaktionen auf die islamische Art der Körperverhüllung erklärbar erscheinen, sind sie doch in vieler Hinsicht irrational.

Die besondere Bedeutung, die der Kleidung und häufig speziell den Kopfbedeckungen zugesprochen wird, ist aber nicht allein ein westliches Phänomen. Die Geschichte der Kleidung in den islamischen Ländern ist ebenso von ideologischen und politischen Implikationen gekennzeichnet wie die in Europa auch. Eine modernistische Haltung kann ebenso wie eine islamistische durch die Kopfbedeckung ausgedrückt werden. Nicht umsonst gehörten zu den ersten Anordnungen einer Vielzahl von reformerischen Regimen des Nahen und Mittleren Ostens solche, die sich auf die Kopfbedeckungen, aber auch die übrigen Teile der Kleidung der männlichen wie der weiblichen Bevölkerung bezogen. Aber nicht selten führten solche Anweisungen zu erheblicher Unruhe unter der Bevölkerung, und einige Regierungen wurden deshalb vom Volkszorn aus dem Amt gejagt. Als unter der Regierung des Sultans Mahmud II. in der ersten Hälfte des 19. Jahrhunderts bei einer Heeresreform runde zylindrische Hüte mit einem Schirm gegen die Sonne für die Soldaten eingeführt werden sollten, erhoben die islamischen Rechtsgelehrten dagegen heftig Protest. Sie wandten ein, dass man mit diesem Kopfschutz das Gebet nicht ordentlich verrichten könne, da der Schirm es unmöglich macht, mit der Stirn den Boden zu berühren. Als man in einem Kompromiss den Schirm wegließ, war der Fez entstanden. Diese typisch orientalische Kopfbedeckung ist also nicht so alt, wie man meinen möchte. Um so schwerer ist zu verstehen, dass diese Kopfbedeckung sich die Feindschaft zahlreicher politischer Reformer in der islamischen Welt zugezogen hat. Diese Ablehnung des Fez durch Modernisten führte zu skurrilen Erscheinungen. So agitierte der türkische Pädagoge Ismail Hakki zu Beginn unseres Jahrhunderts in zahllosen Referaten gegen den Fez. Dabei wies er vor allem auf die Nutzlosigkeit der Quaste, die in der Regel an dieser Kopfbedeckung angebracht war, hin. Zum Höhepunkt seines Vortrags schnitt er dann die Quaste ab. Im Laufe der Zeit muss er so Hunderte dieser Kopfbedeckungen verunstaltet haben. Es ist nicht weiter erstaunlich, dass er den Beinamen „Püskülzüs" (Quastenloser) erhielt. Bei den kemalistischen Reformen in der Türkei der zwanziger Jahre spielte das Verbot des Fez eine wichtige Rolle. Auch die „Freien Offiziere" unter der Führung von Abd el-Nasser in Ägypten verboten den Fez in den ersten Tagen ihrer Herrschaft. Bei dem Widerstand gegen diese Veränderungen spielte sicherlich die Tatsache eine Rolle, dass die bis dahin mögliche Unterscheidung nach Religionszugehörigkeit aufgehoben wurde. Den Reformern ging es nicht allein um eine Demonstration ihres Modernisierungswillens, sondern auch und vor allem um eine Uniformierung der Gesellschaft, die zur Schaffung und Festigung einer nationalen Identität beitragen sollte. Noch tiefgreifender als die Kleidungsreformen von Atatürk oder Abd el-Nasser waren die Kleidungsvorschriften, die der Schah Muhammad Reza im Iran der zwanziger Jahre erließ, als er den Religionsgelehrten zu verbieten versuchte, ihre langen Kaftane zu tragen. Ein Mullah, der diese Zeit erlebt hat, sagte: „Für uns war das so, als ob man in Deutschland den Mitgliedern des Aufsichtsrats einer renommierten Firma befehlen würde, sie müssten alle in Unterhosen bei der nächsten Sitzung erscheinen." Während die Frage der Männerkleidung schon zu einer erheblichen Beunruhigung in weiten Kreisen der Bevölkerung in den Staaten des Nahen und Mittleren Ostens führte, erregten Fragen der Veränderung der Frauenkleidung ein noch viel größeres Unbehagen. Kemal Atatürk hatte große Mühe, das Schleierverbot in seinem Staat durchzusetzen. Als die Gattin des Schah Muhammad Reza ohne Schleier in der Moschee der bedeutenden schiitischen Pilgerstätte Maschhad erschien, wurde sie von führenden islamischen Geistlichen als Prostituierte bezeichnet. Als der afghanische König Amanullah in den zwanziger Jahren (1926–1929) den Schleier verbot und im Land Fotographien bekannt wurden, auf denen die Königin während eines Staatsbesuchs in Berlin ohne Schleier zu sehen war, kam es zu Unruhen unter der Bevölkerung des Landes und der König wurde zur Abdankung gezwungen.

Die geschilderten historischen Beispiele zeigen, dass es sich bei der Frage der Kleiderordnung nicht um einen nebensächlichen Aspekt des kulturellen Lebens handelt. Empfindlichkeiten von Muslimen in Bezug auf ihre Kleidung, aber auch hinsichtlich der Kleidung von Nichtmuslimen, sind also durchaus ernst zu nehmen. Die westlichen Reaktionen auf die islamische Kleidung sind nur die andere Seite dieser Medaille. Denn die europäische Kritik an Schleier und Kopftuch fordert ja implizit ebenfalls die Unterwerfung unter bestimmte Kleidungsvorschriften und seien es noch so unsinnige Modediktate.

Zwar hat auch die heutige islamische Kleidungspraxis ihre eigene Kulturgeschichte, doch ist diese Entwicklung für die Praxis und für das Selbstverständnis der Muslime nur von geringer Bedeutung. Relativ unkompliziert stellt sich die Situation im Hinblick auf die Männerkleidung dar. Alle religiösen Autoritäten des Islams stimmen darin überein, dass ein Muslim den Teil seines Körpers bedecken muss, der mit dem arabischen Begriff „Awrah" bezeichnet wird. Dieser Begriff bezeichnet alles, was als beschämend, ungesund oder indezent bezeichnet wird. In Bezug auf den männlichen Körper betrifft das nach einem Teil der religiösen Autoritäten den Bereich zwischen der Taille und den Knien. Eine Mehrheit versteht darunter jedoch nur die männlichen Genitalien und das Hinterteil. Wie diese Teile des Körpers bedeckt werden, ist nicht unumstritten. Denn es gibt eine Tradition, die sagt, dass ein Muslim keine Kleidung tragen dürfe, die auch von Ungläubigen verwendet wird. Diese Feststellung könnte sich auch auf westliche Anzüge, Jeans, T-Shirts oder Krawatten beziehen. In der Tat finden sich zahlreiche Muslime, die sich an diese Regel halten und sich weigern, diese Art westlicher Kleidung zu tragen. Andererseits kommt es auch vor, dass Muslime in Europa zwischen den verschiedenen Arten der Kleidung wechseln. Sie sehen ihre orientalischen Gewänder als Festkleidung oder zumindest als Kleidung für einen offiziellen Anlass an. So erscheinen sie zu Prüfungen, zu wichtigen Geschäftsverhandlungen oder bei einem Empfang in orientalischer Kleidung. Sie bringen so zum Ausdruck, für wie bedeutend sie die Zusammenkunft halten. Bei anderen Gelegenheiten tragen sie dann einen europäischen Anzug. Die traditionelle orientalische Männerkleidung, die in der Regel weit geschnitten ist und die Körperlinien nicht näher betont, wird von ihnen als dezenter angesehen. Man sollte allerdings auch hinzufügen, dass diese weite Kleidung in dem häufig heißen und nicht selten auch noch feuchten Klima der Länder des Nahen und Mittleren Ostens ihre eindeutig praktischen Vorzüge hat. Das mag manchen Europäer, der sich länger in einem Land der islamischen Welt aufhält, veranlassen, diese Kleidung ebenfalls zu tragen. Solange er sich dabei auf die eigenen vier Wände beschränkt oder von muslimischen Freunden aufgefordert wird, ein entsprechendes Kleidungsstück anzulegen, ist dagegen kaum etwas einzuwenden. Tritt er dagegen in der Öffentlichkeit in einem entsprechenden Gewand auf, muss er damit rechnen, dass dieses Verhalten als Beleidigung des Islams aufgefasst wird, weil er als Nichtmuslim islamische Kleidung trägt. Das muss nicht unbedingt so fatale Folgen haben wie im Iran zu Beginn unseres Jahrhunderts, als ein belgischer Zollinspektor der iranischen Zollverwaltung sich in der Kleidung eines islamischen Geistlichen fotografieren ließ. Als dieses Verhalten öffentlich bekannt wurde, kam es zu schweren Unruhen in Teheran. Für einen Orientalen spielt bei dem Anblick eines Europäers in orientalischer Kleidung auch immer die Erinnerung an europäische Orientreisende eine Rolle, die sich, um unerkannt bleiben zu können, in traditionelle orientalische Gewänder kleideten. Ihnen wurden und werden auch heute noch unlautere Absichten für Ihre Reisen unterstellt. Sie wurden nicht immer ohne Grund als Agenten der Kolonialmächte angesehen, und heute vermutet man manchmal, dass es sich um Spione einer fremden Macht handelt. Hier ist also schon aus Eigeninteresse eine gewisse Vorsicht am Platz.

Im Vergleich zu den Fragen der Bekleidung von Männern stellt sich die Frage der Frauenkleidung im Islam in der historischen Entwicklung wie in der heutigen Praxis sehr viel komplexer dar. Hier ist es angebracht, genau zwischen dem privaten Bereich und dem Auftreten in der Öffentlichkeit zu unterscheiden. Die Beschränkungen, denen sich viele Musliminnen außerhalb ihres

Hauses oder ihrer Wohnung unterziehen, gelten natürlich nicht im familiären Rahmen und im Zusammentreffen der Frauen untereinander in der Nachbarschaft oder im Kreis von Freundinnen und Bekannten. Es ist nicht ausgeschlossen, dass diese größere Offenheit von Frauen untereinander nur dann praktiziert wird, wenn es sich ausschließlich um Musliminnen handelt. Einige besonders strenge Anhängerinnen des Islams verhalten sich in der Begegnung mit Nichtmusliminnen bei der Wahl ihrer Kleidung, wie wenn sie mit Männern zusammenkommen, mit denen sie nicht verwandt sind. Nach einer unter islamischen Autoritäten weit verbreiteten Ansicht sollten Musliminnen in der Öffentlichkeit weit geschnittene Kleider tragen, die ihren gesamten Körper bedecken. Dabei kommt es weniger auf die Art der Kleidung an. Weit geschnittene Röcke und Blusen oder Mäntel sind ebenso akzeptabel wie weite Hosen; man denke an die so genannten Pluderhosen, die die übliche Kleidung von Türkinnen in osmanischer Zeit waren. Enge Hosen, wie zum Beispiel Jeans, werden dagegen abgelehnt. Nicht anders verhält es sich mit Miniröcken. Sie werden als Hinweis auf eine lockere moralische Haltung aufgefasst. Während manche islamische Rechtsgelehrte in Bezug auf die Männerkleidung, die aus dem Westen eingeführt worden ist, eine relativ moderate Haltung einnehmen, sind ihre Positionen hinsichtlich der Frauenkleidung aus dem Westen konsequent negativ. Sie werden rund heraus abgelehnt und als unislamisch angesehen. Diese Haltung bezieht sich natürlich auf die Situation in der Öffentlichkeit. Im Haus oder wenn es sich um reine Frauengesellschaften handelt, kann die Kleidung weniger zurückhaltend sein. Unter Ausschluss der Öffentlichkeit ist auch das Tragen von Badeanzügen oder Bikinis möglich. In öffentlichen Bädern finden sich in vielen islamischen Ländern spezielle Termine, an denen Männer keinen Zugang haben, so dass die Frauen auch ihre Bademoden ausprobieren können.

Sehr häufig findet man heutzutage in islamistischen Publikationen die Aufforderung der Autoren an die Frauen, islamische Kleidung zu tragen. Manche Frauen kommen dieser Aufforderung aus Überzeugung oder auf Druck ihrer Familie nach. Der Prozentsatz der Frauen, die eine derartige Kleidung tragen, hat sich in den vergangenen zwanzig Jahren wieder deutlich erhöht. Die Folgen, die mit der Bereitschaft, islamische Kleidung anzulegen, einhergehen, sind vorwiegend positiv zu sehen. Einer jungen Frau, in diese Kleidung gehüllt, kann kaum der Vorwurf eines unseriösen Lebenswandels gemacht werden. Zur islamischen Kleidung einer Frau gehört gegenwärtig ein bis auf die Füße reichender weit geschnittener Rock, ein hoch geschlossenes Oberteil mit langen Ärmeln und ein Kopftuch. Gedeckte Farben werden bevorzugt. Allerdings zeigt ein genauerer Blick, dass die Bemühung um modischen Chic sich auch hier nicht ganz verdrängen lässt. Selbst bei dem persischen Ganzkörperschleier (Schador), der Frauen bei Fernsehsendungen als uniforme dunkle Menge erscheinen lässt, kann man in der Realität feststellen, dass es die Frauen verstehen, unter zahlreichen Stoffqualitäten und unterschiedlichen Dessins zu wählen.

Die Frage der Verschleierung des Gesichts kann angesichts der unterschiedlichen Positionen der muslimischen Rechtsgelehrten nicht eindeutig beantwortet werden. Eine Mehrheit von ihnen ist der Ansicht, dass die Bedeckung des Gesichts keine Verpflichtung für eine Frau ist. Die Verwendung von Ganzkörperschleiern ist vom islamischen Recht ebenfalls nicht eindeutig vorgeschrieben. Das Gleiche gilt für das Tragen von Handschuhen, das von einigen besonders konservativen Kreisen propagiert wird. Weiter verbreitet ist das Tragen von Kopfbedeckungen der unterschiedlichsten Formen. Uns begegnen in Deutschland vor allem die Kopftücher von Musliminnen aus der Türkei. Für die Trägerinnen selbst, aber auch für die deutsche Öffentlichkeit sind sie geradezu zu einem Symbol für ihre muslimische Identität geworden. Die gleiche Funktion hat das Kopftuch für deutsche Konvertitinnen zum Islam. Bisweilen hat man den Eindruck, dass es sich bei der Verwendung des Schleiers um reine Alibifunktionen handelt. Diese Feststellung kann man allabendlich im Fernsehen der Vereinigten Arabischen Emirate machen, wo die Nachrichtensprecherin mit einem Gazetuch über dem Haar erscheint, das auf dem Bildschirm kaum noch wahrnehmbar ist und nur für den aufmerksamen Zuschauer erkennbar ist. Das Haupthaar der Frauen wird in vielen Kulturen als etwas Besonderes angesehen und ist mit einem Tabu behaftet. Daher muss es verhüllt werden. In jüngster Zeit ist das Kopftuch deshalb zu einem besonders umstrittenen Kleidungsstück geworden. Das gilt für den Nahen und Mittleren Osten wie für Westeuropa. In einem berühmten Arbeitsgerichtsverfahren haben Musliminnen in der Schweiz versucht durchzusetzen, dass sie am Arbeitsplatz ein Kopftuch tragen dürften. Ebenfalls in der Schweiz gab es einen gerichtlich ausgetragenen Streit darüber, ob Musliminnen sich ohne Kopftuch für ein Passbild fotografieren lassen dürften und inwieweit ein solches Ansinnen durch die Schweizer Behörden in das Menschenrecht auf Religionsfreiheit eingriffe. In nahöstlichen Staaten mit säkularen Staatsideologien wie in der Türkei ist der Streit um das Kopftuch noch sehr viel virulenter. Klar ist, dass Frauen mit diesem Kleidungsstück ihre besondere islamische Haltung zum Ausdruck bringen wollen. Diese Haltung sollte in einer Gesellschaft, in der Religionsfreiheit ein verbrieftes Recht ist, toleriert werden. Auch aus europäischer Sicht ist Kritik so lange nicht angebracht, wie Europäerinnen für sich in Anspruch nehmen, in einem islamischen Land in einer recht freizügigen Kleidung in der Öffentlichkeit zu erscheinen. Ob und wie eine Europäerin in der Öffentlichkeit eines islamischen Landes auftritt, ist im Übrigen von einer Vielzahl von Faktoren abhängig. In vielen Ländern, die zur Verbesserung ihrer Wirtschaftsbilanz auf die Tourismusindustrie angewiesen sind, ist man an eine freizügigere Erscheinung von Europäerinnen gewöhnt. In anderen Ländern kann es zu Belästigungen kommen, wie sie Türkinnen mit einem Kopftuch in Deutschland ertragen müssen. Eine deutsche Bekannte, die viele Jahre in Damaskus gelebt hat, sagte uns: „Wenn ich in den Bazar gehe, trage ich ein Kopftuch und einen weiten Mantel. Dann kann ich mich unbehelligt bewegen. Im Übrigen ist das Kopftuch in der staubigen Luft des Bazars eine sehr praktische Einrichtung." Es mag einer Europäerin auch leichter fallen, im Orient ein Kopftuch umzubinden, als einer traditionellen Muslimin, in Deutschland das ihre abzulegen. Auf der anderen Seite kann eine Frau mit der Wahl ihrer Kleidung auch eine bestimmte politische Einstellung zum Ausdruck bringen und sich bewusst für westliche Kleidung entscheiden. In den späten sechziger Jahren kam der Minirock auch in den Nahen und Mittleren Osten. Dieses spezielle Kleidungsstück hielt sich dort sehr viel länger als in der schnelllebigen europäischen Modewelt. Als sich die Frauen in Westeuropa schon längst wieder auf längere Röcke eingestellt hatten, hielten viele junge Frauen im Orient weiter an den kurzen Röcken fest. So wie ihre Geschlechtsgenossinnen, die sich für eine islamische Kleidung entschieden haben, drückten die Anhängerinnen der Minimode den Wunsch nach westlicher Lebensart oder nach dem, was sie darunter verstanden, aus.

Die islamischen Normen verlangen, dass sich die Muslime einer besonderen Bescheidenheit in allen Kleidungsfragen befleißigen. Auch die Frage nach den Stoffen, aus denen die Kleidung hergestellt wird, hat die islamischen Rechtsgelehrten beschäftigt. Ursprünglich galt es als verboten, dass sie aus kostbaren Geweben wie Brokat geschneidert wurden. Seidenstoffe sind nach einer Prophetentradition den Frauen erlaubt, für die Kleidung von Männern dagegen nicht gestattet. Aus dieser Regel hat sich in der Gegenwart die Vorstellung entwickelt, dass man nichts tragen dürfe, was als Hinweis auf Arroganz oder Stolz angesehen werden könnte. Frauen sollten es daher vermeiden, in der Öffentlichkeit bunte und auffällige oder gar durchscheinende Stoffe zu tragen. Dunkle Mäntel oder Ganzkörperschleier verdecken oft allerdings modische und farbenfrohe Gewänder. Wie schon im Zusammenhang mit der Verwendung von Edelmetallen bei der Herstellung von Besteck und ähnlichen Gebrauchsgegenständen hat sich auch die Frage nach der Verarbeitung von Schmuck aus diesen Metallen gestellt. Die Position der islamischen Rechtsgelehrten ist in diesen Fällen eindeutig. Männern ist das Tragen von Ringen und ähnlichen Schmuckgegenständen aus Gold und Silber nicht gestattet. Frauen dagegen dürfen Schmuck, der aus diesen Edelmetallen hergestellt wurde, tragen. Für sie stellen diese Objekte nicht nur eine Verschönerung ihrer Erscheinung dar. Sie sind vielmehr und vor allem Wertgegenstände, die ihrem ganz persönlichen Besitz zugerechnet werden und nur von ihnen selbst veräußert werden können. Insofern haben Gold und Silber eine über die reine Schmuckfunktion hinausgehende Bedeutung und sind deshalb vom islamischen Gesetz erlaubt.

Schon seit dem Altertum ist in vielen literarischen Zeugnissen von den „Düften des Orients" die Rede. Das Harz des Weihrauchbaumes, verschiedene wohlriechende Baumrinden, Duftöle und andere Duftstoffe waren und sind weit verbreitet. Auch der Prophet Muhammad war ein großer Liebhaber der verschiedenen Düfte und Parfüms, und Chemiker des islamischen Mittelalters entwickelten Techniken, um aus den verschiedensten Duftstoffen wohlriechende Essenzen zu destillieren. Bis in die heutige Zeit ist die Praxis weit verbreitet, in den Wohnungen Räucherwerk zu verbrennen. Die Formen der Räuchergefäße sind vielfältig. Sie reichen von einfach geformten Tongefäßen bis zu aufwendig ziselierten Metallprägungen. In vielen Staaten des Nahen und Mittleren Ostens kann man auf den Bazaren eine Vielzahl verschiedener Räuchermischungen und Räuchergefäße kaufen. Die Einheimischen haben eine hohe Fähigkeit entwickelt, die unterschiedlichen Mischungen zu differenzieren und spezielle Kombinationen für jeweils besondere Gelegenheiten auszuwählen. Eine ungeübte europäische Nase ist dazu kaum in der Lage. „Das Verbrennen von Räucherwerk bringt Frieden ins Haus", meinte ein junger Mann aus Oman auf meine Frage, warum er so häufig Räucherwerk benutzte. Doch nicht nur die Häuser werden immer wieder mit angenehmen Düften erfüllt. Auch die Kleider werden mit Düften eingehüllt. Dazu werden sie über speziell dafür gebaute pyramidenförmige Holzkonstruktionen gelegt, unter denen das Räucherwerk in einem Deckelgefäß abgebrannt wird, so dass der durch die Deckelöffnungen aufsteigende Rauch in die Kleider zieht. Neben diesen traditionellen Duftpraktiken besteht auch eine große Bereitschaft von Muslimen, moderne Parfüms europäischer und indischer Produktion zu benutzen. Schon im islamischen Mittelalter war es üblich, dass der Khalif an seine Hofleute und Zechgenossen Parfüm verschenkte. Und auch heute bildet Parfüm ein gern gesehenes Geschenk zwischen Freunden und guten Bekannten. Die reichliche Verwendung von schweren Parfüms ist bei Frauen, aber auch bei Männern durchaus üblich. Der tägliche Gebrauch hängt nicht zuletzt mit dem Bemühen zusammen, Körpergerüche, die sich in einem heißen Klima nur zu leicht entwickeln, zu überdecken. Währen die Verwendung von

Parfüm und anderen Duftstoffen ein integraler Teil der islamischen Kultur ist, bleibt die Bewertung zumindest der islamischen Religionsgelehrten gegenüber Schminke und Make-up gespalten. Die Verwendung von Antimon-Pulver (arabisch: alkohl, wovon auch das europäische Wort Alkohol abgeleitet ist), um einen schwarzen Lidstrich zu ziehen, hat bei Männern und Frauen eine lange Tradition. Auch der Prophet Muhammad soll dieser Praxis an jedem Abend vor dem Schlafengehen gefrönt haben. Die Verwendung von Henna, mit der die Handflächen und Fußsohlen gefärbt werden, ist ebenfalls erlaubt. Bei der Verwendung dieses Farbstoffes kann es sich um einfache Einfärbungen, aber auch um kunstvolle Muster handeln. Man kann für diese Form der Verschönerung die entsprechenden Vorlagenbücher kaufen. In der Regel haben Orientalinnen keine Einwände dagegen, wenn ihre europäischen Freundinnen diese Form der Verschönerung auch einmal ausprobieren möchten. Häufig wird dieser Versuch von allen als ein großer Spaß angesehen. Diese Einfärbungen, die mehrere Stunden auf die Haut einwirken und sich nicht abwaschen lassen wie ein Tintenfleck, verblassen unter Umständen erst im Verlauf mehrerer Wochen infolge der natürlichen Hautregeneration.

Anders fällt die Bewertung des islamischen Rechtes hinsichtlich der Formen des Schminkens aus, wenn das Erscheinungsbild einer Frau stark verändert wird. Gleiches gilt auch für das Färben der Haare oder die Benutzung von Nagellack. Durch diese Manipulationen wird nach strenger islamischer Auffassung an der Schöpfung Gottes, die jeder einzelne menschliche Körper darstellt, eine Veränderung vorgenommen, die keine nützliche oder notwendige Funktion hat. Gleich strenge Maßstäbe werden auch bei der Beurteilung der Verwendung von Haarteilen oder kosmetischen Operationen eingenommen, wenn letztere nicht aus medizinischen oder psychologischen Gründen zwingend sind. Ja sogar das Tragen von hochhackigen Schuhen wird als eine unislamische Praxis angesehen. In diesen Rahmen gehört auch die Ablehnung islamischer Kreise, verschiedene Formen der Tatauierung vorzunehmen. Dennoch sind in vielen Staaten des Nahen und Mittleren Ostens gerade diese Formen der Verschönerungen üblich.

Sie haben in der Regel zwei Funktionen. Einmal geht es tatsächlich um Schmuck, so wie auch in Europa Tatauierungen in dieser Funktion verwendet werden. Die zweite Art, in der Tatauierungen benutzt werden, hat nach traditioneller Vorstellung eine magische Funktion. Durch das Anbringen der entsprechenden Zeichen hofft man, sich vor Kopfschmerzen, Schlangenbissen oder einem Armbruch zu schützen. Zwar finden sich keine statistischen Daten; doch gibt es den deutlichen Eindruck, dass die Zahl der Frauen, die Tatauierungen tragen, größer ist als die der Männer. Sehr konsequent erscheint die Durchsetzung dieser verschiedenen Vorschriften allerdings in den wenigsten Fällen. Da Frauen in streng islamischen Ländern ihre Haare in der Öffentlichkeit bedecken müssen, können Verstöße gegen das Verbot des Färbens der Haare von staatlichen oder religiösen Autoritäten nicht festgestellt werden. Zudem hat die Tönung der Haare mit Henna eine lange Tradition in der islamischen Welt. Auch die Verwendung von Schminke ist vielerorts trotz der anderslautenden Regeln üblich. Besonders umfangreich und kompliziert ist das Make-up von Bräuten anlässlich der Hochzeit. Aber auch bei anderen festlichen Gelegenheiten lieben es viele Musliminnen, mit stark geschminktem Gesicht aufzutreten. Die bekannte marokkanische Soziologin Fatima Mernissi hat einmal erzählt, dass sie in New York während ihres Studiums von amerikanischen Feministinnen dafür kritisiert worden war, dass sie bei Gesellschaften mit großem Make-up auftrat. Für sie als Marokkanerin bedeutete das jedoch ein Stück Freiheit und Selbstbestimmung, da in ihrer Heimat der Gebrauch von Schminke nur bei bestimmten Gelegenheiten gesellschaftlich akzeptabel war. Dass Beschränkungen dieser Schminkpraxis für Europäerinnen, die im Orient leben, nicht gegeben sind, solange sie nicht den guten Geschmack verletzten, ist selbstverständlich.

Auch die Frage der Barttracht der muslimischen Männer stellt sich als eine ungewöhnlich komplizierte Thematik heraus. Der Bart als Zeichen der Männlichkeit ist ein in dieser Bewertung in vielen Kulturen verbreitetes Phänomen. Die Bedeutung des Bartes in der islamischen Welt lässt sich an manchen auch in Deutschland bekannten Redensarten deutlich machen. Man denke an Formulierungen wie: „Bei meinem Barte" oder „Beim Barte des Propheten". Die Mehrzahl der Männer im Nahen und Mittleren Osten tragen allerdings lediglich einen Schnurrbart, was sie mit einer entsprechenden Prophetentradition begründen. Diese Form der Barttracht ist allerdings nicht in dem Maße als typisch islamisch anzusehen, dass sie im Nahen und Mittleren Osten nur für Muslime charakteristisch ist und ein Europäer mit einem Schnurrbart gegen eine Norm verstoßen würde. Anders verhält es sich mit längeren oder kurzen Backenbärten. In der Tat finden sich zahlreiche Belege für diese Barttracht bei Angehörigen islamistischer Gruppen. Diese Bärte werden von staatlichen Stellen als Kennzeichen einer besonders radikalen islamischen Haltung angesehen, auch wenn es sich bei den Trägern nicht um Islamisten handelt. Deshalb sollten sich Europäer mit einem Vollbart nicht wundern, wenn sie in einer entsprechenden Situation und angesichts der internationalen Verflechtungen von islamischen Organisationen in einen entsprechenden Verdacht geraten.

Junge Muslime und vor allem junge muslimische Frauen haben es in Deutschland besonders im Hinblick auf ihr äußeres Erscheinungsbild, ihre Kleidung oder Haartracht nicht immer einfach. Ihre Familie und die muslimische Gemeinschaft wachen sorgfältig über ihr Aussehen. Aber auch Nichtmuslime nehmen ihre Aufmachung genau zur Kenntnis. Trägt eine junge Frauen ein Kopftuch, wird sie als fromme, vielleicht sogar als fanatische Muslimin eingeschätzt. Erscheint sie dagegen ohne Kopftuch und in einem modisch-kurzen Rock oder einer eng geschnittenen Hose, wird man ihr von muslimischer Seite unislamisches Verhalten vorwerfen und von deutscher Seite möglicherweise eine zu starke Anpassung an die „westliche Kultur". Trägt ein junger türkischer Mann einen Vollbart, sehen einige Deutsche in ihm gleich einen radikalen Muslim; tritt er dagegen mit weit geöffnetem Hemd und Goldkettchen um den Hals auf, schätzt man ihn aus deutscher Perspektive gerne als einen typischen türkischen Macho ein.

Das Verhalten und äußere Erscheinungsbild junger Muslime in Deutschland ist jedoch weitaus komplexer, als man auf den ersten Blick meinen könnte. An den U-Bahnstationen der Berliner Bezirke Kreuzberg, Neukölln oder Wedding, an den Straßenbahnhaltestellen in Köln-Nippes oder in Bahnhöfen im Ruhrgebiet begegnet man an Werktagen jungen Frauen, deren nationale Herkunft an der Sprache oft nicht zu erkennen ist, weil sie perfekt Deutsch sprechen. Sie tragen nicht selten ein Kopftuch und verdeutlichen damit ihre Zugehörigkeit zu einem islamischen kulturellen Kontext. Aber solche Einzelheiten sagen tatsächlich nur sehr wenig über ihre religiöse Überzeugung oder rituelle Praxis aus. Viele junge Frauen tragen zum Kopftuch Hosen und Schuhe mit hohen Absätzen oder Plateau-Sohlen. Damit machen sie deutlich, dass sie sich auch einer nicht-islamischen, allgemein verbreiteten Konsum-Kultur zugehörig fühlen, die den Regeln des islamischen Rechts widerspricht.

Dieses Verhalten kann man als ‚Bricolage' bezeichnen. Unter diesem aus dem Französischen stammenden Wort versteht man eine Kulturtechnik, bei der der Einzelne Verhaltensweisen oder auch Kleidungsstile aus verschiedenen kulturellen Zusammenhängen gleichzeitig benutzt. Dabei geht es vor allem um die Fähigkeit, diese Auswahl bewusst zu treffen. Der ‚Bricoleur' kombiniert zum Beispiel Kleidungsstücke aus verschiedenen kulturellen Traditionen, um zu vermeiden, dass er von einer bestimmten sozialen, ethnischen oder religiösen Gruppe vereinnahmt wird. Der Zugang zu anderen gesellschaftlichen Gruppen bleibt ihm damit weiterhin offen. Die jungen Kopftuchträgerinnen etwa spielen mit den verschiedenen Möglichkeiten, die ihnen ihre besondere Situation an der Schnittstelle zwischen verschiedenen Kulturen bietet. Die jungen Frauen wissen sehr genau, auf welche Weise sie sich kleiden müssen, um einerseits ihren guten Leumund zu bewahren, andererseits aber auch ihre Unabhängigkeit von traditionellen Vorschriften, religiösen Normen und der steten Sorge um den guten Ruf zu signalisieren. Ähnliches ließe sich auch im Zusammenhang mit den Essgewohnheiten oder Freizeitaktivitäten dieser jungen Menschen feststellen.

Literaturhinweis

Ina und Peter Heine: O ihr Musliminnen ... Frauen in islamischen Gesellschaften. Freiburg (Herder/Spektrum) 1993.

Birgit Krawietz: Die Hurma. Schariatsrechtlicher Schutz vor Eingriffen in die körperliche Unversehrtheit nach arabischen Fatwas des 20. Jahrhunderts. Berlin 1991.

Schluss

Der Umgang mit Fremden oder mit Bekannten wird bei Muslimen in der Regel durch zwei Prinzipien bestimmt. Für den Islam als Religion ist Gastfreundschaft eine wichtige Norm. Der Volksislam kennt im Hinblick auf den Gast folgende Weisheit: Wenn man einen Gast zum Essen einlädt, nimmt er ein Zehntel und bringt neun Zehntel. Das will sagen, dass das, was man für einen Gast aufwendet, bei Gott zehnmal vergolten wird. In welcher Form diese Vergeltung erfolgt, spielt dabei keine Rolle. Muslime sind überzeugt, dass sie in der Form irdischer Wohltaten erfolgen kann bzw. ihnen am Jüngsten Tag angerechnet wird. Auch wenn das religiöse Moment nicht immer bewusst ist, wirkt es sich doch aus. „Gesundheit Ihren Füßen", sagt man in der Türkei, wenn man einen Gast begrüßt. Man personifiziert mit diesem Gruß die Füße und dankt ihnen mit diesem Wunsch dafür, dass sie den Gast zum Haus des Gastgebers gebracht haben. Natürlich ist hier der religiöse Aspekt der Gastfreundschaft verblasst, bleibt aber noch immer zu erkennen; denn Gesundheit verleiht nach islamischer Vorstellung Gott, der der große Heiler ist.

Neben diesem religiösen Moment bestimmt das Prinzip des Adab das Verhalten. Dieses Wort aus der arabischen Sprache ist auch im Türkischen und Persischen in leicht abgewandelter Form bekannt. Die Begriffsgeschichte dieses Wortes ist recht kompliziert. Im islamischen Mittelalter bezeichnete „Adab" zunächst einmal das Verhalten, das man an den Höfen der Mächtigen üben musste. Feine Bildung und richtiges Benehmen gegenüber den Untergebenen und Dienern musste von den Prinzen gelernt werden. Es unterschied sich natürlich von dem, dessen sich ein Wezir zu befleißigen hatte. Dieser konnte oder musste sich wiederum anders verhalten als ein Höfling, der zur Unterhaltung des Herrschers Späße machen konnte. Für alle diese Personengruppen gab es auch entsprechende Anstandsbücher. Die orientalische Literatur kennt aber auch solche im Zusammenhang mit dem Verhalten von Richtern, Verwaltungsfunktionären oder Ärzten. Gutes Benehmen gehörte in der Blütezeit des Islams also zu den allgemein akzeptierten Normen. Vieles von dieser Grundhaltung ist bis auf den heutigen Tag erhalten geblieben. Man denke nur an die umfänglichen Begrüßungsformeln, die ein gebildeter Mensch beherrschen muss. „Adab" ist eine Lebensform, die auf Konfliktvermeidung oder doch zumindest auf Konfliktminimierung abzielt. Da nach allgemeiner orientalischer Auffassung Konfliktfolgen nicht abzusehen sind, vermeiden es alle, einen Streit heraufzubeschwören. Man glaubt, dass das heiße und drückende Klima des Nahen und Mittleren Ostens die Menschen dazu bringt, rasch die Beherrschung zu verlieren. Um so sorgfältiger wird auf die Formen des Umgangs miteinander geachtet. Die Ritualisierung der Begegnung mindert die Konfliktgefahr. Zum rechten Verhalten gehört auch, dass man als Dritten einen entstandenen Streit zwischen zwei Kontrahenten zu schlichten versucht. Man mischt sich ein, auch wenn es sich bei den Kampfhähnen um völlige Fremde handelt. Der Frieden, den sich die Muslime täglich gegenseitig wünschen, bezieht sich auch auf den alltäglichen Verkehr.

Im Gegensatz zu dieser Darstellung ist das Bild der islamischen Welt in der Öffentlichkeit durch eine Vielzahl von internen und äußeren Konflikten bestimmt. Manches, was wir in der täglichen Flut der Meldungen aus der islamischen Welt hören, lässt eher den Eindruck aufkommen, dass Handlungen eher zur Konfliktsteigerung als zur Konfliktverminderung beitragen. Dass die Ideale und die Realität gesellschaftlichen Verhaltens nicht übereinstimmen, ist kein Phänomen, das allein in der islamischen Welt festzustellen ist. Mir fällt in Diskussionen mit Deutschen, die sich für den Islam interessieren, jedoch immer wieder auf, dass sie eben diese Übereinstimmung des Verhaltens der Muslime mit ihren Normen erwarten. Diskrepanzen in der eigenen Gesellschaft, sei sie nun christlich oder humanistisch geprägt, nehmen sie dagegen nicht zur Kenntnis. Als zu Beginn der achtziger Jahre praktisch die gesamte Führungsschicht der Islamischen Republik Iran durch ein Bombenattentat ausgelöscht wurde, setzten dort harte Maßnahmen zur Unterdrückung oppositioneller Gruppen ein. „Ich möchte nicht wissen, was in einem vergleichbaren Fall in Europa geschehen würde", bemerkte mir gegenüber ein bekannter und kompetenter deutscher Orientexperte. Er hatte wohl recht.

Die Welt des Islam

Jamal J. Elias
Islam
Band 4824
Die konzise Darstellung des muslimischen Glaubens und seiner Praxis im Lebenskreis der Gläubigen in Geschichte und Gegenwart.

Adel Theodor Khoury/Ludwig Hagemann/Peter Heine
Islam-Lexikon A–Z
Geschichte – Ideen – Gestalten
3 Bände in Kassette
Band 4753
Dieses Lexikon erschließt in über 450 Artikeln die komplexe Welt des Islams.

Mathias Rohe
Der Islam – Alltagskonflikte und Lösungen
Rechtliche Perspektiven
Band 4942
Droht eine Konfrontation von islamischen und westlichen Rechtsauffassungen? Wo liegen Lösungen?

Rita Breuer
Familienleben im Islam
Traditionen – Konflikte – Vorurteile
Band 4591
Soziale, kulturelle, religiöse und rechtliche Aspekte des islamischen Familienlebens zwischen Tradition und Moderne.

Annemarie Schimmel
Rumi
Meister der Spiritualität
Band 5093
Die wohl bedeutenste Rumi-Forscherin bietet eine hinreißende Einführung in sein Leben, seine geistig-kulturellen Hintergründe, seine poetische Mystik und seine spirituelle Welt.

HERDER spektrum